Schirner Verlag

SUSANNE HÜHN

Königin im *eigenen* *Reich*

Über die weibliche Sehnsucht nach dem Mann
und die sieben Schlüssel zum eigenen Herzen

Schirner
Verlag

ISBN 978-3-8434-1154-7
(vormals 978-3-89767-636-7)

Susanne Hühn:
Königin im eigenen Reich
Über die weibliche Sehnsucht
nach dem Mann und die sieben
Schlüssel zum eigenen Herzen
© 2006 Schirner Verlag, Darmstadt

Umschlag: Murat Karaçay, Schirner,
unter Verwendung von # 135228914
(YuriyZhuravov) und # 144936535
(Kanea), www.shutterstock.com
Redaktion & Satz: Claudia Simon, Schirner,
unter Verwendung von # 156108512 (Artnis) und
71313550 (EVA105), www.shutterstock.com
Printed by: ren medien, Filderstadt, Germany

www.schirner.com

4., überarbeitete Auflage Oktober 2014

Inhalt

Einander an den Traum zu erinnern,
der uns inspiriert,
könnte genug sein,
um uns gegenseitig zu *befreien.*

ANTOINE DE SAINT-EXUPÉRY (1900–1944),
FRANZÖSISCHER SCHRIFTSTELLER UND PILOT

Widmung

Für euch, die Frauen, die mich so voller Liebe und Unterstützung auf meinem Lebensweg begleiten. Für die Frauen, die bereit sind, wahrhaftig und voller Mut zu lieben. Für das Dornröschen in uns allen, das auf einen sicheren Raum wartet, damit es aufwachen kann.

Für alle Männer, die meinen inneren Prinzen unterstützt haben, die mir widergespiegelt haben, was ich endlich in mir selbst finden durfte.

Ganz besonders aber widme ich dieses Buch dem, der bleibt.

Wie alles begann

Eines schönen Tages – oder eines Nachts, das weiß man nicht mehr genau, weil es diesen Unterschied noch gar nicht gab – entschied die Große Schöpferkraft, dass sie sich nun lange genug im Zustand der absoluten Ruhe und der Einheit befunden hatte. Es wurde Zeit, ein bisschen schöpferisch tätig zu werden, denn das war ihre Aufgabe. – Woher die Schöpferkraft selbst kam, wer ihr diesen Impuls gegeben hatte und wozu das Ganze überhaupt diente, ist eine andere Geschichte und soll ein anderes Mal erzählt werden. – Sie rekelte sich also, erwachte wie aus einem langen Schlaf und schaute sich um. Natürlich war da nichts, und zwar genau das – das Nichts. Wir auf der Erde können uns nur ganz vage vorstellen, was dieses »Nichts« bedeutete; könnten wir es, so würde es uns wahrscheinlich ein wenig erschrecken. Für die Schöpferkraft aber war es, als beträte sie eine riesige, leere Bühne! Sie hatte unzählige Stücke im Kopf, jede Menge Stoff, der verwirklicht werden wollte. Schließlich hatte sie ja lange genug Zeit gehabt, die verrücktesten Ideen zu spinnen (obwohl … Zeit gab es ja noch gar nicht …).

Eine davon war folgende: Sie würde sich in zwei Pole aufspalten, in lauter Gegensätze zerfallen – in hell und dunkel, kalt und warm, männlich und weiblich! Das hatte es im Universum noch nie gegeben (natürlich nicht, denn eigentlich gab es nicht einmal ein Universum). In einem wunderschönen, atemberaubenden Urknall, den leider niemand sah, schuf sie zunächst Sonnen und Planeten, aus lauter Spaß auch ein paar Monde, und ließ sie zu Milchstraßen zusammenfließen. Sie schuf Engel, Liebe, Zeit und Raum; sie schuf Licht und Schatten ... Sie schuf eigentlich alles, was es auf der Welt gibt – bis auf Plastiktüten und Autos. Ein bisschen was sollten ihre Geschöpfe ja auch selbst erfinden dürfen. Und dann schuf sie die ersten Lebewesen und sah, dass es nicht nur gut, sondern einfach unglaublich schön war, wie sich das Leben entfaltete. Sie liebte es, den Pflanzen zuzusehen, wie sie wuchsen und sich vermehrten; sie schaute den Meeren zu, wie sie gegen die von ihr besonders sorgfältig gestalteten Felsen donnerten, beobachtete, wie das Wasser den Stein umformte, wie sich die Erde veränderte und immer schöner und bunter wurde. Auch die anderen Planeten und Sonnen betrachtete sie oft verliebt. Alles war wunderbar im Gleichgewicht, eine einzige Harmonie. Die beiden Pole tanzten miteinander, sie bedingten sich gegenseitig, hielten sich die Waage, bildeten gemeinsam die Grundlage für einzigartige, sich immer wieder erneuernde und sich immer weiter entwickelnde Muster und Lebensformen. Das ganze Universum war ein einziges Paradies. Zwar gab es Leben und Tod, doch alles war im idealen Gleichgewicht, eben genau so, wie es sein sollte.

Irgendwann aber wurde es ein bisschen langweilig in all der Harmonie. Das Schwierige war nämlich, dass die Wesen, die auf der Erde lebten und folglich einen Körper hatten – Pflanzen und kleine, zunächst noch einzellige Tiere –, allesamt zu vergessen schienen, dass alles nur ein großes Schauspiel war. Sie vergaßen tatsächlich, dass sie, wie alles im Universum, nichts als ein göttlicher Funke der einzigen Kraft waren, die es überhaupt gab, der Schöpferkraft selbst. Es fehlten Geschöpfe, die wussten, was geschah. Die die Schöpfung, noch während sie sich vor ihnen und durch sie entfaltete, mitgestalteten und bewusst erlebten. Die sich direkte Anweisungen holten, während sie auf der Bühne standen, die das Stück auf der Bühne spielten, aber erkannten, dass nicht sie selbst die Figuren waren! Wie aufregend wäre es, wenn es Wesen gäbe, die wüssten, dass sie in Wahrheit viel mehr waren als das, was sie auf der Bühne verkörperten, die ihre eigene Kraft und Liebe in das Stück hineinfließen lassen würden, die die Schöpfung bewusst mitgestalteten!

Es wurde also Zeit, dachte die Schöpferkraft, ihre Schöpfung zu ergänzen. Sie schuf – wie sie das bewerkstelligte, bleibt ihr Geheimnis – Wesen, die gehen, stehen, schwimmen und fliegen konnten, alle hübsch nacheinander, damit sie genug Zeit hatte, sich anzuschauen, wie sie sich auf der Erde so anstellten. Einige von ihnen kamen sehr gut zurecht, andere wiederum hielten es nicht lange aus. Und eines Tages kam sie auf die Idee, die Menschen zu erschaffen.

Gemeinsam mit allen Geschöpfen des Universums – die Schöpferkraft bevorzugte eine vorwiegend demokratische Regierungsform, auch wenn sie sich das letzte Wort gern selbst vorbehielt, denn letztlich war ja sowieso alles sie selbst – fasste sie einen Entschluss. Sie würde beide Pole – den männlichen und den weiblichen – anhand der Menschen in aller Ausführlichkeit studieren! Mit ihnen würde sich ihr Plan vollenden können, dachte sie, an ihnen würde sie die Wechselwirkung zwischen den beiden Polen, um die es ihr ging, in aller Ruhe beobachten können, und zwar so lange, bis sie genug davon hatte. Dazu brauchte es nur eine klitzekleine Kräfteverschiebung, mal sollte der eine Pol ein winziges bisschen überwiegen, mal der andere. Dadurch zeigten sich alle ihre Auswirkungen viel deutlicher. Die Schöpferkraft kalkulierte durchaus einige Extreme ein, damit auch wirklich jeder im Universum in der Lage war, zu erkennen, was diese beiden Pole auslösen konnten, was es mit ihnen auf sich hatte, wie ihre jeweils besondere Energie wirkte.

Natürlich durfte das universelle Gleichgewicht in keiner Weise gestört werden. So wurde überall für Ausgleich gesorgt; einige Planeten erklärten sich zum Beispiel bereit, den weiblichen Pol zu unterstützen, andere fühlten sich eher zum männlichen Pol hingezogen. Alle Lebewesen und Planeten, alle Sonnen und Sternenhaufen, alle Monde und alle Lichtwesen entschieden, an diesem allumfassenden, unvorstellbar spannenden Experiment mitzuwirken. Ein riesengroßer, sehr heller Engel erklärte sich sogar bereit, die Rolle des sogenannten Bösen zu übernehmen. Dieses »Böse« war ein wichtiges Werkzeug, das nötig war, damit sich die beiden Pole überhaupt in all ihrer Kraft entfalten konnten.

Und dann kam das Wichtigste: die Rollenverteilung. Und da wir es hier schließlich mit einer ungewöhnlich fantasievollen Schöpferkraft zu tun haben, bekam jeder Mensch nicht nur eine Rolle, sondern zwei. In jedem, egal, ob Mann oder Frau, sollte es einen Prinzen geben, der für die männliche Energie zuständig war, und eine Prinzessin, die die weibliche Kraft verkörpern sollte. Der Prinz lebte in der linken, die Prinzessin in der rechten Gehirnhälfte. Damit das Ganze noch spannender wurde, sollten die Menschen zunächst vergessen, dass sie diese beiden Pole in sich trugen!

Die Wesen, die sich bereit erklärten, als Menschen zur Erde zu gehen und dieses Spiel zu spielen, waren begeistert. Schließlich waren alle, die die lichten Sphären des Himmels und des Lichtes verlassen wollten, um der Schöpfung vor Ort, ganz direkt in ihrem großen Plan zu dienen, sowieso Romantiker, Pioniere, Abenteurer. Sie liebten die Vorstellung, in sich selbst einen Prinzen und eine Prinzessin zu beherbergen, auch wenn sie zu diesem Zeitpunkt noch nicht genau wussten, was damit überhaupt gemeint war. Nun sollten sie also nicht nur das Abenteuer eines dreidimensionalen Körpers erleben dürfen, sondern gleichzeitig ein energetisches Ungleichgewicht in sich tragen, um die Pole in aller Deutlichkeit und am eigenen Leib erfahren zu dürfen! Das würde eine aufregende Schatzsuche werden, da warteten Erfahrungen, die spannender waren als alles, was das Universum bis jetzt bereitgehalten hatte. Das, was im Außen, also zwischen Mann und Frau, geschah, sollte der Spiegel für das sein, was sich im Inneren abspielte, eine Art Platzhalter, damit sich die Menschen zu gegebener Zeit an das Ungleichgewicht der Kräfte erinnerten.

Irgendwann, wenn sie genug hatten, würden sich der männliche und der weibliche Pol ausgleichen. Dazu brauchten sie gar nichts zu tun, es genügte, die alten Spiele zu durchschauen und zu lassen, wenn sie dazu bereit wären. Das Gleichgewicht würde sowieso wiederhergestellt werden, vereinbarten sie, und zwar genau zu dem Zeitpunkt, zu dem die Sehnsucht danach in ihnen groß genug geworden wäre. Sie legten gemeinsam sogar den Zeitpunkt fest, denn die Große Schöpferkraft überließ wirklich nichts dem Zufall.

Nachdem diese Entscheidung getroffen worden war und sich jeder seine bevorzugte Rolle ausgesucht hatte, kamen die Menschen in einem langen, von außen betrachtet ziemlich umständlichen Prozess zur Erde. Und dann begann der Spaß: Sie hatten tatsächlich alle vergessen, dass sie die beiden unterschiedlichen Energien in sich selbst trugen! Viele, wirklich sehr viele Jahre lang versuchten sie, ihre scheinbar fehlende Hälfte im Außen zu finden, sie suchten, suchten, suchten ... Natürlich fanden sie nie, wonach sie suchten, denn das war ja in ihnen selbst angelegt. Doch da die Kräfte sich immer wieder verschoben – mal war der eine Pol übermächtig, mal der andere –, fehlte ihnen immer entweder weibliche oder männliche Energie. Gerade deshalb mussten sie sich damit beschäftigen, gerade deshalb machten sie es zum Thema Nummer eins, zum wichtigsten Diskussionsgegenstand des gesamten Planeten.

Die Schöpferkraft lauschte fasziniert, alle Wesen des Universums schauten gespannt und tief beeindruckt auf die Erde, waren hingerissen von der Ernsthaftigkeit, mit der die Menschen sich ihrem Schauspiel widmeten. Das Experiment funktionierte perfekt! Die Wesen, die sich zur Verfügung gestellt hatten, um einzugreifen, wenn das Ungleichgewicht zu groß wurde, die Engel, führten sanft und behutsam Regie, aber nur so viel, dass es auf der Erde nicht bemerkt wurde. Doch irgendwann – natürlich genau zum richtigen Zeitpunkt, so, wie es von Anbeginn der Zeit geplant war – kam der Tag, an dem die ersten Menschen bemerkten, dass sie ein Spiel spielten. Sie wurden es müde, noch ein Abenteuer in der Welt zu erleben, noch eine Schlacht mit anderen zu schlagen. Sie begannen, den Blick nach innen zu wenden und in sich hineinzuschauen.

Der Jubel im Universum war riesengroß, denn nun begann der Weg des Ausgleichs, die aufregendste und schönste Zeit der Schöpfung! Langsam, sehr umsichtig und Stück für Stück, begannen die Engel und andere Lichtwesen, die Informationen, die nötig waren, zur Erde zu schicken, damit die Menschen, die sich bereit erklärt hatten, als Erste zu erwachen, Zugang zu ihnen bekamen. Es war ein ziemlich zeitintensiver Prozess, denn die Nerven der Menschen waren die hohen Schwingungen, auf denen die Informationen zu ihnen gelangten, nicht gewöhnt. Doch nach und nach trainierten sie, sie wahrzunehmen, zu erkennen und zu lesen, und sie begannen, direkt mit den Engeln zu reden. Sie erfuhren und verstanden, ja, erinnerten sich manchmal gar, dass sie Teil der einen Schöpferkraft waren, dass sie alle an einem riesigen, universellen Bewusstwerdungsprozess mitwirkten. Nie war die Freude im Universum größer.

Doch nun kam die größte Aufgabe. Sie mussten die alten Spiele, die sie über Jahrtausende hinweg miteinander gespielt hatten, erkennen – und lassen, ihnen abschwören! Das war beinahe nicht zu schaffen, denn etwas anderes kannten sie ja gar nicht. Doch zum Glück waren die Menschen ihrer eigenen Spiele so überdrüssig, dass es immer wieder einige gab, die alles daransetzten, neue Wege zu finden und in sich selbst zu suchen, was sie im Außen so schmerzlich vermissten. Die Zeit war reif, die Sehnsucht nach echter Erfüllung war so übermächtig, dass der innere und damit der äußere Ausgleich einfach kommen musste.

Ein vollkommen neues Zeitalter brach nun an. Die Menschen fingen an, sich nach innen zu wenden, sie hörten auf, im anderen die Erfüllung ihrer selbst zu suchen – und entdeckten zum ersten Mal, was Liebe wirklich war! Ganz neue Formen der Begegnung waren nun möglich, Beziehungen wurden frei, die Angst verschwand, Männer und Frauen begannen, sich mit völlig neuen Augen zu betrachten ...

Und genau da sind wir nun. Die Schöpfung selbst leitet die nächste Oktave ein, schwingt sich hoch zum reinen Klang der Liebe und lässt alles hinter sich, was diesem neuen Klang nicht mehr dienlich ist.

Möge dieses Buch bei diesem Prozess hilfreich sein, möge es der Liebe dienen, ebenso der tiefen Erfüllung, dem liebevollen Respekt und der wahren Hochachtung voreinander, damit wir endlich die Beziehungen miteinander führen können, nach denen wir uns so sehr sehnen.

Ich schreibe euch dieses Buch mit meinem Herzblut, und alles, was ich euch erzähle, habe ich selbst erlebt. Ich war, wie so viele von uns, mitten in Prozessen, die so schmerzhaft waren, dass ich nicht wusste, wie ich da durchkommen sollte, doch ich wusste, dass das, was da stattfand, auf globaler Ebene geschah. Und dass es notwendig war, damit wir endlich Liebe, echte Liebe, verwirklichen können. Ich bitte dich: Gehe mit mir, lass uns diesen Weg zusammen beschreiten. Am Ende werden wir in Frieden und Freiheit leben und unsere Aufgaben erledigt haben. Wir werden Liebe verwirklichen, das verspreche ich dir und mir.

Ich nehme an, dass dieses Buch nur für Frauen wirklich interessant ist. Das liegt in diesem Fall am Thema, nicht etwa daran, dass ich nicht auch Männern sehr gern etwas sagen möchte. Doch als Frau kenne ich die inneren Märchenfiguren und Spiele der Männer nicht aus eigener Erfahrung, deshalb möchte ich, zumindest im Moment, noch nicht darüber schreiben, es käme mir geradezu anmaßend vor. Ich weiß nur, es gibt sie, und Männer tragen – im Gegensatz zu dem, was ich in einigen Frauenbüchern lese – mindestens genau so schwer an ihrem inneren Ungleichgewicht. Seid gesegnet, und ich danke euch für die Rollen, die ihr spielt, damit wir unsere erkennen können.

Ich habe den Weg, den ich dir hier beschreibe, um uns selbst zu erlösen, in sieben Schritte unterteilt – sieben Türen, zu öffnen mit sieben Schlüsseln. Die Zahl sieben ist magisch und wird entsprechend oft im Märchen genutzt; im Tarot steht sie für die Karte »Der Wagen« (Aufbruch, Neubeginn) und zeigt das Bewegliche, Veränderliche, das wir brauchen, um uns nach innen zu wenden. Die Sieben ist die Zahl der Schwelle zur Anderswelt, zur magischen, mystischen Welt, zur Welt des Unbewussten und zu höheren Ebenen – zu den Bereichen in uns, in denen echte Veränderungen möglich sind. Der Planet Saturn ist der Hüter dieser Schwelle und spielt in diesem Buch eine große Rolle, denn er bringt uns die Kraft und die Standhaftigkeit, die es uns ermöglichen, den Weg zu uns selbst zu gehen. Die Sieben ist auch die Zahl der magischen Kräfte, denn sie vereint die Zahl des Körpers (Vier) und die Zahl des Geistes (Drei) zu einem größeren Ganzen – und genau diese Art von Alchemie brauchen wir, um wahrhaft heil zu werden.

Übrigens: Die Liebe zwischen gleichgeschlechtlichen Paaren soll durch das, was ich in diesem Buch beschreibe, in keiner Weise geschmälert werden, sie hat ihre eigenen seelischen und spirituellen Gesetze und gehört zu den Erfahrungen, die auf der Erde erlebt werden wollen. Doch ich kann darüber nicht schreiben, denn ich habe keine Erfahrung damit. Vielleicht ist das Buch also nichts für dich … Ich möchte dir jedoch vorschlagen, dass du aus dem Angebotenen das herausliest, was du für dich annehmen kannst, den Rest lässt du einfach beiseite.

Susanne Hühn

Das namenlose Leid der Liebe
ist immer dieses gewesen:
dass von ihr verlangt wird,
ihre Hingabe zu *beschränken.*

RAINER MARIA RILKE (1875–1926),
ÖSTERREICHISCHER SCHRIFTSTELLER UND LYRIKER

Liebe Leserin,

kennst du folgende Situation? Du lernst einen Mann kennen, unterhältst dich angeregt mit ihm, fühlst dich wohl und wahrgenommen, verbringst einfach einen wundervollen Abend. Ihr verabschiedet euch mit einer leichten Umarmung voneinander, vielleicht auch einem Kuss oder sogar mehr – dabei denkst du nicht darüber nach, ob er sich in den nächsten Tagen melden wird, denn natürlich wird er das tun, so wundervoll wie dieser Abend war. Erfüllt legst du dich ins Bett, wachst am nächsten Morgen auf, lächelst in Gedanken an den vergangenen Abend – und spürst plötzlich dieses unsagbar schmerzliche Gefühl im Herzen, dieses Wissen, dass er sich nie wieder melden wird, dass du wieder einmal einer Illusion erlegen bist, dich einmal mehr getäuscht hast, geblendet worden bist vom Wein, von den angeregten Gesprächen und der lauen Sommernacht. Du kochst dir deinen Kaffee – und alles, was du von nun an tust, egal, wie inspiriert und selbstsicher es auch erscheinen mag – es ist nichts als ein anderes Wort für Warten. Auf seinen Anruf, auf den nächsten schönen Abend, auf den Rosenstrauß, den Fleurop noch immer vergessen hat zu liefern, auf den Mann, der endlich dafür sorgen soll, dass du dich sicher, geborgen und angekommen fühlst.

Ist das nicht verrückt? Wir verbringen einen schönen Abend mit einem Mann, und anstatt den Abend einfach das sein zu lassen, was er war, nämlich ein schöner Abend, weiter nichts, galoppieren all die kunstvoll verdrängten Prinzessinnenträume zurück in unser Leben, werfen ihren Glitzerstaub in unser Wohnzimmer und lassen uns von Hochzeiten in Weiß und von immerwährendem Glück träumen. Wir sind spirituell bewusst, wir sind erfolgreich, wir sind vernünftig und stehen mit beiden Beinen im Leben – aber unser Herz, der Teil unseres Herzens, der uns »Nur die Liebe zählt« schauen lässt, auch wenn wir das natürlich gar nicht oder nur mit einem halb ironischen, halb schuldbewussten Lächeln zugeben, der Teil erwacht zum Leben, beginnt seinen sehnsuchtsvollen Gesang und fordert seine Erfüllung. Es kostet ziemlich viel Kraft, all die weißen Pferde und den Traum vom Dornröschenschloss wieder dahin zu verbannen, wo er unserer Ansicht und Erfahrung nach hingehört, ihn zu verscheuchen mit der tief eingeprägten Formel: »Sei still, und werd endlich erwachsen« oder »vernünftig« oder »realistisch« oder welches Wort auch immer bei dir die innere Tür zum Reich der Prinzessin zuschlägt.

Mühsam zerren wir die innere Kriegerin aus ihrem Zelt, drücken ihr Pfeil und Bogen in die Hand, schicken sie auf die Jagd nach noch mehr Anerkennung und Erfolg. Zähneknirschend erhebt sich die erwachsene innere Frau, steckt sich die Haare hoch und stößt ein kurzes, zynisches Lachen aus. Das innere Kind sitzt in seinem Spielzimmer und spielt mit seinen Puppen Mutter, Vater, Kind. Wir schließen leise die Tür, um es nicht zu stören – aber mitspielen wollen wir nicht mehr. Und Dornröschen, der Teil in uns, der mit Leichtigkeit, Weiblichkeit und Hingabe verbunden ist? Sie schläft unerbittlich, egal, wie sehr wir an ihr zerren.

Und hier sind wir beim Thema – wir sind so enttäuscht und verletzt, dass wir den Traum verbannen, ihn uns ausreden, ihn wegmeditieren oder in innere Verliese und Kellerräume stecken. Hier ist eine vielleicht wichtige Botschaft für dich:

Liebe (mit Sicherheit im Verdrängen deiner Träume sehr geübte) Leserin, liebe Schwester im Herzen und im Geiste – wir kommen von der Venus und irgendwie steckt der Traum vom Märchenprinzen in unseren Genen. Bei aller Meditation, bei allem Bewusstsein, bei aller Verbindung mit Licht, Liebe und allen möglichen höheren oder auch tieferen Ebenen – er ist anscheinend wie eine Sucht, wie ein Fluch, wie ein festgelegtes Programm, das alle hochfliegenden spirituellen, beruflichen oder sonstigen Träume lächelnd und mit einem Wimpernschlag beiseitewischt. In den Armen eines Mannes haben wir das Gefühl, angekommen zu sein, dort scheinen wir unsere Bestimmung zu erfüllen, an seinem Herzen ist der richtige Patz, in seiner Nähe verflüchtigen sich die Wünsche, Träume und Sehnsüchte, und echte Erfüllung durchströmt uns. Wenn ein für uns interessanter Mann den Raum betritt, scheinen wir zu Weibchen zu werden, unser Bewusstsein, unseren Intellekt, unsere Pläne, Ziele und Wünsche zu vergessen und nur noch eines im Sinn zu haben, nämlich von ihm, dem weißen Prinzen, auf sein Pferd gehoben zu werden und in den Sonnenuntergang zu reiten.

Vielleicht sind deine Träume ein wenig anders, nicht ganz so klischeehaft, doch wenn du genau hinschaust, kannst auch du deinen Traum sicher mit den Schlüsselworten Rosen – Liebe – Sicherheit – starke Arme – Geborgenheit beschreiben. Wir scheinen nichts Wichtigeres zu tun zu haben, als von Liebe zu träumen, egal, wie erfolgreich und bedeutungsvoll das, was wir sonst noch so erledigen, auch sein mag.

Und genau so IST es auch. Wir sind auf der Erde, um Liebe in jeder Form zu verwirklichen, Ende der Ansage. Die Liebe zwischen Mann und Frau ist eine der erfüllendsten und tiefsten Erfahrungen, die wir überhaupt nur machen können, und weil wir immer nur einen billigen Abklatsch davon bekommen und selbst schenken, erinnert uns unsere tiefe Sehnsucht daran, wozu wir eigentlich hier sind. Dass wir diese Träume, diese romantischen und unerfüllten Vorstellungen haben, liegt einfach nur daran, dass wir noch keine erfüllte Liebe verwirklicht haben.

Ich möchte dir mit diesem Buch Mut machen, deinen Traum anzuschauen, den wichtigen, so unerhört schmerzhaften Bereich deines Herzens wieder zum Leben zu erwecken und der Prinzessin in dir Raum zu geben. Nur wenn wir uns erlauben, diesen so überaus empfindsamen Teil unseres Herzens zuzulassen, ihn anzuschauen, ihm zuzuhören und die echten Wünsche, die sich hinter dem inneren Hochglanzfoto verbergen, zu erkennen, können wir Liebe verwirklichen.

Wir leben in einer neuen Zeit, und es ist dringend nötig, dass uns all unsere Energie und Kraft in erlöster und transformierter Form zur Verfügung steht. Dazu ist es unbedingt erforderlich, die Prinzessin aus ihrem Verlies zu holen, sie zu trösten und sie zu ihren wahren Wünschen, Träumen und

Absichten zu befragen. Wenn wir lernen wollen, zu lieben, wahrhaft liebende Frauen zu werden und die Herzen der Männer zu berühren, dann können wir uns nicht erlauben, diesen romantischen, verletzten und sehnsüchtigen Anteil im inneren Kerker darben zu lassen. Wir bleiben sonst an der Oberfläche, bleiben mit einem Teil unseres Herzens kalt, unerreichbar, zynisch und berechnend. Und dabei ist es egal, ob wir das wollen oder nicht.

So handelt dieses Buch von der Märchenprinzessin, von dem, was wir brauchen und fordern, und davon, wie wir diesen so unendlich liebevollen und weisen Teil erlösen. Die erlöste Prinzessin ist der hingebungsvollste und weiblichste Teil in uns. Es war sehr sinnvoll, ihn nicht zu leben, denn er hatte noch nie einen wirklich sicheren Raum, wo er sich entfalten konnte. Aber nun drängt die Göttin mit aller Kraft auf die Erde, wir erlösen kollektiv all die verschiedenen Formen weiblicher Energie und bringen die Pole ins Gleichgewicht. Das berührt die noch verzerrten männlichen Kräfte in uns selbst und in den Männern, die ebenso wie wir den Impuls empfangen haben, sich zu transformieren.

Die innere schlafende oder von Liebe träumende Prinzessin ist wie eine Art maskierter Platzhalter für eine unendlich wertvolle Kraft, die wir nun befreien und zulassen dürfen, weil wir sie jetzt brauchen. Wir brauchen sie, um ganz und vollständig zu werden, und die Männer brauchen sie, um ihrerseits den Mann zu entwickeln, der diesem energetischen Raum, der in uns entsteht (und in ihrer eigenen inneren Weiblichkeit), Hochachtung und Wertschätzung entgegenbringen kann.

Es ist unsere unerfüllte Sehnsucht, die so ungeheuer schmerzt, dass wir sie in das Reich des Kitsches und der Märchen verbannt haben. In Wahrheit ist es ein unendlicher Raum echter Hingabe, tiefer Liebe und wahrer Schönheit, den die Erde dringend braucht.

Hast du Mut? Bist du bereit, dich auf den Teil in dir selbst einzulassen, der aufgegeben hat, der so entmutigt und verletzt ist, dass er sich sogar vor sich selbst verleugnet? Ich bin sicher, wir entdecken einen wahren Schatz an Energie und Liebe, wenn wir die Prinzessin befreien und ihr den Raum geben, der ihr zusteht, sie wird ein Leuchtfeuer an weiblicher göttlicher Kraft entfachen.

Die Göttin selbst ruft, sie braucht diesen inneren Raum, um hineinzufließen. So schreibe ich dieses Buch, um ihr Raum zu schaffen, um uns allen dabei zu helfen, den liebevollsten Teil in uns zu erlösen, damit der Ausgleich der Pole in uns selbst, aber auch global stattfinden kann. – Es wird Zeit.

Warum aber haben wir sie überhaupt verleugnet, die Prinzessin? Und wer ist sie? Wie ist ihre Energie? Welche Botschaften hat sie für uns? Was wäre anders, wenn sie leben dürfte, wenn sie Raum bekäme? Und würden wir dann überhaupt noch etwas erledigen können oder nur noch romantische Kitschfilme schauen und von der Liebe träumen?

Nein, im Gegenteil: Solange wir ihr keine Stimme verleihen und ihre Kraft nicht wahrnehmen, solange sie im Verborgenen wirkt, solange schleicht sie sich in verzerrter Form in unsere Gedanken und Gefühle, sobald wir nicht aufpassen. Dann genügt es, dass ER sich einen halben Tag nicht meldet, und wir sind am Boden zerstört.

Wozu aber brauchen wir die Prinzessin? Welche Kraft trägt sie in sich? Wozu dient sie?

Die innere Prinzessin, die romantische, unendlich weibliche Kraft in uns, trägt die Bereitschaft in sich, sich wahrhaftig auf die Liebe einzulassen – und nur auf die Liebe. Sie ist der Teil, der zwar um alle Schwierigkeiten weiß und dennoch bereit ist zu lieben. Jenseits von Kontrolle und dem Versuch, Schmerz und unerwünschte Erfahrungen zu vermeiden, ist sie voller Kraft und Ideale gewillt, sich auf alles einzulassen, was die Beziehung mit dem Menschen bringt, der jetzt in ihr Leben tritt. Sie weiß, dass Liebe letztlich die einzige Kraft ist, die notwendig ist, um alles zu heilen und zu erlösen.

Sie ist aber noch viel mehr. Die Prinzessin ist der Yin-Anteil in uns, unsere empfangende, rezeptive Seite, die in der rechten Gehirnhälfte beheimatet ist. Sie erhält ihre Information und ihre Energie aus kosmischen Quellen und flicht sie in unser Leben hinein. Sie drückt sich in Beziehungen aus, aber auch in jedem anderen Lebensbereich; sie ist die Fähigkeit, sich für innere Impulse zu öffnen und schöpferisch mit dem Leben umzugehen, sich voller Vertrauen seinem Fluss hinzugeben. Die Prinzessin knüpft aus all den Energien, die in uns leben und die aus höheren Quellen in unser Leben fließen, einen inneren Teppich; dabei greift sie neue Fäden auf, lässt alte los und webt all das in unser Leben hinein, was sich durch uns verwirklichen will. Sie hat den direkten Zugang zur göttlichen Kraft und zum Plan unserer

Seele. Wenn sie erlöst ist, wird sie zur Königin im eigenen Reich, unserem Leben.

Haben wir die innere Prinzessin nicht als gute Kraft in unserem System, so bleiben wir in der Kontrolle gefangen. Wir glauben, dass jemand durch seinen Lebensstil, seine Gewohnheiten oder sein Aussehen nicht zu uns passt – und wir lassen uns erst gar nicht darauf ein, obwohl das Herz vielleicht eine ganz andere Sprache spricht. Wir sind erwachsen, wählerisch, wir planen unsere Beziehungen am Reißbrett, füllen im Internet Dating-Profile aus, als würden wir uns um eine Stelle bewerben.

Liebe ist oft kein hinreichendes Argument, obwohl es das sein dürfte und sollte. Wir brauchen uns nicht mehr gegenseitig, um versorgt und ernährt zu sein, um unsere Hobbys auszuüben, um gesellschaftlich anerkannt zu sein. Wir haben jetzt einen Zustand erreicht, in dem Frauen und Männer in wirtschaftlicher Hinsicht nicht mehr voneinander abhängig sind und wir sehr gut ohne einander leben können. Das schafft eine immense Freiheit und stellt uns gleichzeitig vor eine anspruchsvolle Herausforderung: Wir haben nun die Möglichkeit, aber vielleicht auch die spirituelle Verpflichtung, die Qualitäten des Herzens zu entwickeln und wahrhaftig lieben zu lernen. Es gibt kein anderes Argument mehr für eine Beziehung, denn alles andere, inklusive Sex, bekommt man auch separat, und meistens ist es einigermaßen leicht zugänglich.

Aber Vorsicht! Allzu leicht verwechseln wir die innere Prinzessin mit der schlichten Sucht nach romantischem

Sehnen. Wir missbrauchen ihre Kraft, indem wir versuchen, alte Wunden mithilfe von Platzhaltern zu heilen, und nach dem Mann suchen, der uns stellvertretend für unseren Vater und alle Männer, die uns jemals verletzt, missachtet, getötet, missbraucht, verlassen oder beschämt haben, anerkennt und liebt. Anstatt die alte Verletzung in Ruhe zu lassen, zu betrauern, was einst geschah, die Erfahrung daraus als wichtige seelische Aufgabe zu begreifen und weiterzugehen, stellen wir uns vor jeden Mann, der einen für unsere Zwecke einigermaßen tauglichen Eindruck macht, und fragen ihn, ob er uns in Vertretung für alle Männer dieser Erde heilen kann. Nein, das kann er natürlich nicht – und wenn er noch so perfekt wäre!

Die andere Variante ist, die Suche aufzugeben, das verletzte Weibliche wegzuschließen und seine Rufe nach Beachtung und Heilung zu ignorieren, es als Schwäche zu belächeln oder zynisch abzuspalten. Du erkennst, dass du zu diesen Frauen gehörst, wenn du automatisch immer die Partei der Männer ergreifst, wenn es um Schwierigkeiten mit Frauen geht, anstatt genau zuzuhören und zu erkennen, auf welche Weise hier männliche und weibliche Energien ihre noch unerlösten Spiele spielen. Du erkennst es, wenn du alles Weibliche als schwach empfindest, außer es zeigt sich in der Energie der Amazone, der Kriegerin, die ihr Leben auch allein auf die Reihe bekommt. Du erkennst es auch daran, dass du glaubst, es müsste nur endlich der »Richtige« daherkommen und alles wäre gut.

Eine Beziehung – jede!– ist letztlich harte Seelenarbeit, wenn du sie ernsthaft lebst und dich wirklich hingibst. Du wirst immer mit dem konfrontiert, was in dir noch unerlöst ist, egal auf welchen Ebenen das sein mag. Eine kluge Frau hat mir einmal gesagt: »Eine Beziehung ist nicht dazu da, dass die Partner sich gegenseitig ihre Bedürfnisse erfüllen, sondern dazu, dass sie erkennen, welche sie haben!« (Sie zitierte damit sinngemäß eine Weisheit aus dem Buch »Zusammen wachsen« von Paul Ferrini.)

Wenn wir nicht wahrhaft lieben, verschließen wir uns irgendwann, weil die Beziehung zu anstrengend wird und uns zu sehr mit uns selbst konfrontiert. Dann wenden wir uns ab und machen eine Checkliste, die unseren neuen Idealpartner beschreibt. Mit dieser Liste in der Hand und diesem gewissen, zu allem bereiten Blick machen wir uns auf die Suche. Wir nehmen unser Glück selbst in die Hand, durchkämmen Bars und Diskotheken, Museen und das Internet. Und studieren in noch einer Zeitschrift, wie wir sein sollten, damit uns ein Mann auch nur bemerkt.

Wir sind so bedürftig und versessen auf eine Beziehung, dass wir uns an der Schwelle zum neuen Glück wähnen, wenn uns einer nur einen Drink ausgibt. Seine Augen leuchten, wenn er uns anschaut, er ist interessiert, er blickt uns nicht nur in den Ausschnitt, sondern auch ins Gesicht und schätzt unsere Meinung – aber er ruft trotzdem nicht an, will sich auf keine Beziehung einlassen, will sich nicht binden. Sind das wirklich »die Männer«, die einfach nicht in der Lage sind, Beziehungen einzugehen? Oder sind das nicht auch wir selbst, die wir eine – wenn auch zum Teil unbewusste – Liste von Ansprüchen haben, bei denen einfach jeder in die Knie gehen oder die Flucht ergreifen muss?

Nein, ich schreibe hier nicht darüber, dass wir die armen Männer unterdrücken und ausbeuten, denn das tun wir nicht. Tatsächlich suchen wir mehr oder weniger verzweifelt jemanden, der uns liebt und uns ein gutes Gefühl gibt, anstatt dass wir lernen, selbst zu lieben, wirklich und wahrhaftig das Herz zu öffnen und rückhaltlos zu lieben. Ich rede noch nicht einmal davon, sich selbst zu lieben, auch wenn das sicher nicht falsch ist. Das ist ein Nebenprodukt, das sich von allein ergibt, wenn du zu lieben lernst; denn die Liebe zu uns selbst, zu unserem eigenen Selbst, ist so selbstverständlich in uns angelegt, dass wir sie nicht zu entwickeln brauchen – nur freilegen müssen wir sie. Wir müssen uns nur bewusst werden, wie sehr wir uns in Wahrheit lieben. Vielleicht könnten wir lernen, besser mit uns umzugehen.

Haben wir erst einmal verstanden, was Liebe wirklich ist, dann erkennen wir auch, dass wir alles, was wir tun – und das mag sein, was es will –, sowieso nur aus Liebe tun, und zwar aus Liebe zur Schöpfung, zu Gott, zum eigenen Selbst, zum Seelenplan, zur Erleuchtung. Vielleicht hört sich das ein bisschen abwegig an, zumal wenn du dich in deinem Leben umschaust und wahrnimmst, wie oft du dich nicht zu lieben scheinst. Aber letztlich ist alles, was du tust, der Versuch, mit dir und deinem Leben klarzukommen und auf deine Art glücklich zu werden. Das ist ein deutlicher Ausdruck von Liebe, auch wenn du vielleicht noch nicht ganz erkannt hast, was du brauchst, um erfüllt und glücklich zu sein.

Du liebst dich also sowieso, auch wenn du dir vielleicht noch das Falsche vom Büffet des Lebens nimmst. Vielleicht sorgst du noch nicht gut für dich, aber nur, weil du es noch nicht gelernt hast. Und letztlich kümmerst du dich sehr, sehr gut um dich – wie fehlgeleitet das, was du tust, auch wirken mag und wie sehr dein inneres Wissen und dein Verstand auch dagegen protestieren mögen. Wüsstest du es besser, dann würdest du es besser machen. Hättest du nicht das innere Bedürfnis, dir genau das zuzufügen, dann würdest du es lassen. Mit deiner Art zu leben, egal wie das sein mag und egal wie unglücklich, einsam und unerfüllt du zu sein scheinst, erfüllst du also ein inneres Anliegen. Es ist sehr sinnvoll, herauszubekommen, welches Bedürfnis das ist, denn dann kannst du ihm auf andere, vielleicht hilfreichere Weise Gehör und Erfüllung verschaffen.

Du siehst also: Vielleicht liebst du dich bereits, auch wenn es sich noch nicht so anfühlt. Das brauchst du also nicht zu lernen. Warum ist das so wichtig, dass du die Liebe zu dir selbst nicht erlernen musst? Weil wir uns mit diesem Anspruch vollständig lähmen, zumal er einfach nicht berechtigt ist. Wenn wir unsere innere Prinzessin vertrösten, bis wir gelernt haben, »uns selbst zu lieben«, dann haben wir etwas Wichtiges vergessen:

Uns selbst zu lieben heißt, alle Teile in uns wahrzunehmen, ihnen Raum zu geben, ihnen zuzuhören und darum zu bitten, dass sie alle auf die für sie beste Weise zur Erfüllung geführt werden. Es heißt nicht, sich nur von Salat zu ernähren oder nur noch mit Männern auszugehen, die einem rote Rosen schenken. Wenn du spürst, dass es dir guttut, kann das natürlich ein Ausdruck von Selbstliebe sein, aber mehr auch nicht.

Wenn du dich wirklich selbst lieben willst, dann befreie die Prinzessin aus ihrem Verlies, und stelle dich ihr, der schmerzhaften Wahrheit ihrer Existenz. Warum? Weil sie ein Teil von dir ist, der auf Erlösung wartet. Und was ist Liebe, besonders die Liebe zu sich selbst, anderes als die Zauberkraft der Erlösung, das Licht der Erkenntnis, der freie Fluss von lebendiger Freude?

Sie ist meistens sehr verletzt, diese innere Prinzessin, der Teil der inneren Frau, die weiß, wie es ist, Liebe zu geben, und die es oft genug vergeblich versucht hat. Die Prinzessin ist der Teil in uns, der einmal zu oft zurückgewiesen wurde, dieses eine Mal, an dem wir zerbrechen und das uns die Entscheidung treffen lässt: »Ich werde nie wieder lieben!« Wir brauchen allergrößtes Mitgefühl mit uns selbst, wenn wir uns ihr nähern wollen.

Ich will dir Mut machen, wahrhaftig zu lieben, deine romantischen Träume zuzulassen, sie zu verwirklichen und dennoch innerlich frei zu bleiben. Das scheint ein fast unmögliches Unterfangen zu sein, denn wir sind es so sehr gewöhnt, argwöhnisch und misstrauisch, in strenger Selbstkontrolle Strichlisten abzuhaken, dass wir es nicht mehr wagen, der inneren Prinzessin, die nichts als lieben will, in die Augen zu schauen. Wie unterscheiden wir aber die Fähigkeit, sich wahrhaftig der Liebe hinzugeben, von der Sucht nach Selbstaufgabe?

Der Unterschied zwischen Sucht und echter Liebe ist, dass du in der Liebe frei bleibst, du klammerst dich nicht an den anderen, gibst nicht dein Leben auf und verlässt nicht innerlich deinen Platz. Du verrätst deine anderen Träume nicht zugunsten des Prinzen auf dem weißen Pferd. Du öffnest dein Herz einfach ein Stück weiter.

Das scheint fast unmöglich zu sein, nichts als ein frommer Wunsch, denkst du nun vielleicht. Aber vielleicht lässt er sich erfüllen? Eventuell finden wir, wenn wir nur offen sind und nicht aufgeben, sondern loslassen, den Schlüssel zu inneren Räumen, in denen all das, was wir so verzweifelt im Außen suchen, bereits auf uns wartet?

Es wird Zeit, auszusteigen aus dieser Tretmühle der Suche nach dem perfekten Mann, diesem verrückten Tanz um Dating, Kaffeetrinken und Sex mit den Falschen, weil der Richtige noch nicht da ist. Wir wissen alle, dass Suchen sowieso nichts bringt, dass wir uns entspannen, loslassen müssen, damit wir dann irgendwann beim Einkaufen dem Mann begegnen, mit dem wir eine stabile, auf Liebe und Vertrauen basierende Beziehung aufbauen können.

Na prima. Natürlich weißt du das. Jeder weiß das. Aber was machst du bis dahin, wie füllst du die Leere, wie überwindest du die Angst, dass du ihn verpassen könntest oder erst gar nicht triffst?

Wenn du abends entspannt auf dem Sofa sitzen kannst und um neun noch nicht weißt, ob du um zehn noch mal ausgehst, dann ist dieses Buch vielleicht nichts für dich. Wenn du aber schon morgens planst, wann du frühestens auf die Piste gehen kannst, ohne allzu bedürftig zu erscheinen, wenn du dir vorsorglich die Beine rasierst, weil du noch nicht weißt, ob du am Ende der Nacht einen Mann mit nach Hause nimmst oder nicht, wenn du dieses innere Kribbeln spürst, das sich nicht aufregend, sondern nach Sucht und Unruhe anfühlt, wenn du weißt, dass du so nie einen Mann findest, und das Suchen dennoch nicht lassen kannst, dann lass uns gemeinsam durch die folgenden Seiten schreiten. Und wenn du an einem hängst, der dich nicht liebt, wenn du immer wieder alles versuchst, um sein Herz doch noch zu gewinnen, wenn du hoffst und bangst, wenn du weißt, dass du deine Kraft verschwendest, aber dennoch nicht weitergehen kannst, dann können wir zusammen etwas verändern. Und auch wenn du dich von Krümeln ernährst, weil du nicht glaubst, dass es Liebe und Fülle für dich gibt, dann können wir etwas für dich tun. Komm mit mir, lass uns diese innere Leere anschauen, diesen Schmerz über das Wissen, dass »er« sowieso nicht bleibt, sondern dich über kurz oder lang wieder verlässt.

Es gibt (neben vielen anderen) ein, wie ich finde, hervorragendes Buch über die Phasen, die eine Frau durchleben muss, nachdem sie eine oder mehrere Trennungen hinter sich hat. »Packt ihn, wascht ihn, schafft ihn in mein Zelt« ist der Titel, und die Autorin beschreibt, dass dieses geradezu süchtige Suchen nach einem Mann nichts ist als ein Beziehungs-Sabbatical, eine innere Auszeit, die eine Frau sich nimmt, weil sich ihre Gefühle, ihr Herz, sich zunächst von der Trennung erholen müssen. Das stimmt, aber wieso bleiben wir dann nicht einfach zu Hause, wieso suchen wir wie verrückt nach einem Mann, mit dem wir unseren Traum von einer glücklichen, romantischen Beziehung verwirklichen können, anstatt uns zunächst eine echte Auszeit, nämlich eine Phase des Rückzugs, zu gönnen, wie lange auch immer sie dauert? Weil wir einige Teile in uns nicht ohne diese chaotische Beziehungssuche erkennen und verwirklichen können.

Die innere Prinzessin macht sich erst bemerkbar, wenn du bereit für sie bist, und das geht – leider – nicht ohne eine gehörige Dosis Enttäuschung und Überdruss. Dieser Teil von dir, der aufgegeben hat, schläft gut geschützt im Dornröschenschloss, und die Dornenhecke wirst du nur überwinden, wenn du ein tiefes, ja übermächtiges Bedürfnis danach hast, denn sie ist äußerst stachelig und dicht. Auf ihr wachsen keine rosa Rosen, auch wenn das in den Märchenbüchern immer so aussieht. Wenn überhaupt, dann gibt es darin lediglich aufgesteckte Plastikrosen, die verheimlichen sollen, wie gefährlich sie tatsächlich ist.

Warum muss sie so stachelig sein? Weil du dich Dornröschen erst würdig erweisen musst. Gerade durch das Durchdringen der inneren Dornenhecke bekommst du die Art von Standhaftigkeit und Vertrauenswürdigkeit, die der inneren Prinzessin den Schutz bietet, den sie braucht. Du kannst nicht einfach zur Tür hineinstolpern, sie wachküssen und dann wieder alleinlassen, sondern musst dich ab sofort gut um sie kümmern. Indem du dich durch die Dornenhecke hindurchschlägst, stellst du die Kräfte unter Beweis, die nötig sind, damit sie dir überhaupt vertraut und als fühlender, liebevoller und hingebungsvoller Anteil zur Verfügung stehen kann. Du entwickelst bei dem Kampf mit der Hecke all das, was du brauchst, um deine Prinzessin zu erwecken und ihre Kraft stabil und erlöst in dein Energiesystem aufzunehmen.

Wozu aber sollst du das überhaupt tun, ist das nicht die Aufgabe des Prinzen? Ist das nicht genau das, was du dir so sehr von einem Mann erhoffst? Ja, es ist die Aufgabe des Prinzen – aber nicht die eines Mannes. Du hast auch diesen Prinzen in dir, und es wird Zeit, dass ihr euch kennenlernt. Denn erst dann kannst du auch im Außen die wahren Prinzen anziehen. Am Ende deiner Suche wirst du merken, dass sie dich durch die Dornenhecke geführt hat, einfach so. Dieses Buch will dir dabei helfen, zu verstehen, was auf deinem Weg in dir geschieht, und dir die Kraft, den Mut und die Hoffnung vermitteln, dass es sich lohnt, nicht aufzugeben.

Zunächst aber erkennen wir und geben zu, dass wir diese Dornenhecken in uns tragen und nicht wissen, wie wir sie überwinden können … Um uns damit beschäftigen zu können, brauchen wir zunächst einen inneren Schutzraum, in dem wir uns stabil und sicher fühlen.

Das Universalwerkzeug zu allen sieben Schlüsseln

Der Beginn der Meditationen ist immer gleich, deshalb habe ich ihn nicht immer vorangestellt – u.a., damit du dich beim Lesen nicht langweilst. Nutze also bitte den im Folgenden beschriebenen Einstieg oder eine andere Technik, die du kennst, um dich zu entspannen, bevor du in die jeweilige innere Reise eintauchst.

Sollten in einer Meditation nicht von selbst Bilder vor deinem inneren Auge erscheinen, dann stelle dir einfach welche vor. Der Unterschied ist nicht so groß, wie du vielleicht befürchtest, denn dein emotionales System und deine Gedanken reagieren auch auf deine Vorstellungen. Die Energie, die du dir wünschst oder die du erleben möchtest, kommt dann ganz von allein.

 MEDITATION: DIE HERZKAMMER DER LIEBE

DU SETZT oder legst dich bequem hin und erlaubst dir, zur Ruhe zu kommen. Es gibt nichts mehr zu tun. Stelle dir vor, dass du alles, was dich jetzt noch belastet, in ein kleines Päckchen verpackst und vor die Tür stellst. Jetzt kannst du aufatmen und dann tiefer und immer tiefer sinken, der Außenwelt erlauben, sich für eine Weile ohne dich weiterzudrehen. Nun richtest du deine Aufmerksamkeit nach innen, auf deine Innenwelt. Es ist so wichtig für dich, immer wieder mal in deine eigenen Tiefen abzutauchen, um dort Kraft zu schöpfen und zur Ruhe zu kommen. Denn tief in dir findest du die Kraft, mit der du deinen Alltag meisterst. Hier begegnest du deiner eigenen Leichtigkeit, deiner Stille und deiner ganz eigenen Kraft.

RICHTE NUN deine Aufmerksamkeit auf dein Herz; stelle es dir bildlich vor, oder nimm es auf eine andere Weise wahr. Irgendwo in deinem Herzen gibt es eine Kammer, einen Raum, in dem eine Quelle reiner Liebe sprudelt. Diese Liebe fühlt sich vielleicht anders an, als du es erwartest – vielleicht spürst du Ruhe und Gelassenheit, Geborgenheit oder einfach ein friedliches Gefühl. Von dieser Kammer deines Herzens aus strömt unablässig Licht nach außen, egal, ob du es wahrnehmen kannst oder nicht. Es ist ein Energiefeld, das direkt an die göttliche Lichtkraft angeschlossen ist, das immer weiter nach innen reicht und hier, an deiner inneren Quelle, in direktem Kontakt mit der Schöpferkraft selbst steht.

NIMM BITTE dieses Licht wahr, oder stelle es dir einfach vor. Und jetzt erlaube ihm, in dich hineinzuströmen. Das Licht aus deinem Herzen beginnt, durch deinen ganzen Körper zu fließen, in deine Zellen hinein und zwischen deinen Zellen hindurch. Es füllt dich vollkommen aus, strömt aus dem Herzen in dich hinein.

IRGENDWANN SPÜRST du, dass dein Körper schon ziemlich angefüllt ist mit diesem Licht aus deinem Herzen. Dein Körper leuchtet und ist hell und leicht, und das Licht beginnt, zu allen Seiten hin nach außen zu strömen, es erhellt deine Auraschichten, strömt in den Emotionalkörper, in den Mentalkörper und in die weiteren, feineren Schichten deiner selbst. Irgendwann bist du ganz angefüllt mit diesem Licht, das aus deinem Herzen kommt.

NUN STELLE dir bitte eine goldene Eihülle vor, die sich um dich legt, um die äußere Schichten deiner Aura. Die goldene Hülle stabilisiert dich und erlaubt dir, dich sicher und geschützt zu fühlen, dein Energiefeld ist nun von außen unantastbar. Du befindest dich innerhalb der schützenden goldenen Schicht, dabei strömt die Liebe immer weiter aus deinem Herzen in dich hinein, erfüllt aus deinem Herzen heraus das goldene Ei mit einem stabilen Energiefeld aus Licht, Liebe und Frieden.

BLEIBE IN diesem Zustand, während du gleichzeitig mit deiner Aufmerksamkeit zu deinem Körper zurückkehrst, deinen Atem wahrnimmst, den Raum erkennst, in dem du dich befindest ... Du spürst nun den Schutz und den inneren Frieden und nimmst gleichzeitig deine Außenwelt wahr, deine Aufmerksamkeit ist gleichermaßen nach innen und nach außen gerichtet.

FÜHRE DIESE Meditation bitte von nun an jeden Tag durch, damit du immer sicher und geschützt bist. Nein, du musst dich nicht vor irgend etwas schützen, keine Sorge. Du brauchst aber ein stabiles inneres Feld, in dem du dich entspannen kannst, dich aufgehoben und geborgen fühlst, denn das ist ein natürlicher Zustand. Außerdem wolltest du ein solches Feld doch sowieso schon lange haben, oder?

Das Leben ist Liebe,
und die ganze Form und Kraft des Lebens
besteht in der Liebe und entsteht aus der Liebe.

JOHANN GOTTLIEB FICHTE (1762–1814),
DEUTSCHER THEOLOGE UND PHILOSOPH

Der erste Schüssel

Habe Geduld gegen alles Ungelöste in deinem Herzen, und versuche, die Fragen selbst liebzuhaben, wie verschlossene Stuben und wie Bücher, die in einer sehr fremden Sprache geschrieben sind. Forsche jetzt nicht nach den Antworten, die dir nicht gegeben werden können, weil du sie nicht leben kannst. Und es handelt sich darum, alles zu leben. Lebe jetzt die Fragen. Vielleicht lebst du dann allmählich, eines fernen Tages, in die Antwort hinein.

RAINER MARIA RILKE (1875–1926),
ÖSTERREICHISCHER SCHRIFTSTELLER UND LYRIKER

Der erste Schlüssel

Wir erkennen, dass wir nichts gegen die süchtige Suche nach dem richtigen Mann, nichts gegen unsere Angst und Angewohnheit, uns wieder völlig aufzugeben, geschweige denn gegen unsere Abwehrmauer aus Zynismus und scheinbarer Vernunft unternehmen können.

Wir sind so oft verlassen, nicht wahrgenommen, betrogen und verletzt worden, dass wir eine sehr dicke Mauer um uns errichtet haben, eine Schicht der Abwehr, die uns von vornherein misstrauisch und wachsam sein lässt. Das ist unsere Dornenhecke.

Vor einigen Jahren beispielsweise hat mir ein Mann in einem Internetchat einen Schlüsselsatz gesagt. Ich hatte ihm geschrieben, ich würde mir einen Kaffee holen und ob er kurz warten könne. Er sagte, ich solle mir keine Sorgen machen, er gehe nicht weg. Ich schreibe dir den Satz mal auf, so, wie ich ihn gelesen habe: »Mach dir keine Sorgen, ich gehe nicht weg.« (Berührt es dich auch so, wenn dir ein Mann das sagt oder schreibt?)

Und ich dachte: Ist klar, er hat mich ja auch noch nicht im Bett gehabt. Ich glaub ihm schlicht kein Wort. Vielleicht wird er die zwei Minuten warten, bis ich meinen Kaffee habe, aber natürlich wird auch er mich über kurz oder lang verlassen.

Warum auch nicht? Der sehr verletzte Teil in mir war ohnehin nicht der Meinung, dass ich irgend etwas Besonderes habe, was einen Mann halten kann. Aber die innere Prinzessin, die hat das, und zwar gerade weil sie niemals etwas »halten« will. Es ist ihre Fähigkeit, wirklich zu lieben, sich wahrhaft hinzugeben – nicht einem Mann, sondern dem Leben, der Liebe, den Impulsen, die sie erhält. Sie braucht unseren ganz besonderen Schutz, eine stabile innere Erwachsene, die auf sie aufpasst, die die Wölfe im Schafspelz kennt und mit ihnen umzugehen weiß. Und um diese Erwachsene geht es hier.

Der erste Schlüssel öffnet das erste Tor auf dem langen Weg zu dem inneren Teil, der einfach liebt, egal, was geschieht, ohne sich dabei aufzugeben. Die innere Prinzessin bettelt nicht um Liebe, sie liebt. Wenn sie spürt, dass sie nicht teilen kann, was sie teilen will, dann geht sie weiter, ohne sich damit aufzuhalten, den anderen umzustimmen oder zu überzeugen. Sie hört deshalb aber nicht auf zu lieben! Sie streut ihren Sternenstaub und geht weiter, verschwendet weder ihre Zeit noch ihre Aufmerksamkeit. Aber nicht aus der Kontrolle heraus, um den Schmerz nicht zu spüren, sondern voller Hingabe und Vertrauen.

Den ersten Schlüssel finden wir, wenn wir erkennen und zugeben, dass wir einen wichtigen Teil unserer Kraft tatsächlich verbannt haben. Das bedeutet, dass wir zumindest für eine Minute die Ausreden und Vernunftgründe beiseite lassen und den Verlust spüren. Es ist dieser bis jetzt abgetrennte Teil von uns, der den heiligen Gral in der Hand hält, das innere weibliche Gefäß voller unermesslicher Liebe und Energie. Der Gral ist verbunden mit echter weiblicher Kraft und der Fähigkeit, sich in aller Kraft, Schönheit und Würde vollkommen hinzugeben. Die Schamanen nennen ihn Hochzeitskorb. Wir brauchen ihn in unserem Leben, denn in ihm ist die Kraft, die wir für den nächsten Schritt in unseren

Beziehungen brauchen. Dieser innere heilige Gral ist es, der Männer anzieht, der ihnen erlaubt, sich ihrerseits zu öffnen und hinzugeben, den sie schützen und mit uns teilen wollen.

Weil die innere Prinzessin noch schläft, können wir, selbst nachdem wir den ersten Schlüssel gefunden haben, ihre Kraft nicht einmal ansatzweise erfühlen. Und genau das ist es, was mit dem ersten Schlüssel ausgedrückt wird: Wir wissen, dass da eine wichtige Energie in unserem Inneren ist, eine, die wir dringend brauchen und nach der wir uns sehnen, aber noch haben wir keinen Zugang zu ihr, wir spüren sie nicht, wir erahnen sie nur, und bis jetzt kennen wir sie fast ausschließlich in ihrer unerlösten, verzerrten Form. (Wie diese unerlöste Form aussieht, werden wir uns später anschauen.)

Diese Suche nach dem richtigen Mann ist wie eine Sucht. Wenn du dich zu lange mit Männern aufhältst, die dich nicht einmal wahrnehmen, wenn du glaubst, dich von Liebeskrümeln ernähren zu müssen, bevor du ganz verhungerst – dann kennst du sie. Wenn du deine Tage mit Warten verbringst, anstatt entweder selbst zum Telefonhörer zu greifen oder einfach zu akzeptieren, dass er im Moment keine Zeit oder schlicht kein Interesse hat – dann kennst du sie. Wenn dein Selbstwertgefühl davon abhängt, dass dich ein bestimmter (oder auch einfach irgendein) Mann wahrnimmt und wertschätzt – dann kennst du sie.

Eine Süchtige misst ihren Wert an der Anzahl der Rosen, die sie bekommt (oder lehnt sie so zynisch ab, dass auch klar ist, was los ist ...), und fühlt sich bereits angenommen und geliebt, wenn sie schlicht begehrt wird. Sie kennt den Unterschied zwischen Begehren und Liebe nicht. Oder doch, sie kennt ihn, will ihn aber nicht sehen, denn sie weiß, sie kann sowieso nichts daran ändern, dass sie sich auch mit Begehrtwerden zufriedengibt. Sie ist sich ihres Verhaltens und ihrer Mängel (nicht aber ihres Schmerzes!) sehr bewusst. Ändern kann sie es nicht. Wenn sie mit jemandem schläft, kuschelt sie sich in seine Arme und hofft, angekommen zu sein, auch wenn sie weiß, dass er nur Sex will und sonst gar nichts. Wenn sie erlöst ist, dann kann sie – wenn sie das will – mit jemandem aus reiner Leidenschaft schlafen, aber sie versucht nicht, sich heimlich Liebe zu erschleichen, indem sie in seinen Armen träumt, während er in Gedanken bereits wieder am Schreibtisch sitzt.

Kennst du das? Suchst du dir die Liebe von Männern bei vielen verschiedenen zusammen? Der eine schenkt dir Rosen und schickt dir Gedichte, mit dem nächsten gehst du essen und plauderst nett, der dritte ist dein Seelenverwandter und versteht dich bis in die Tiefe deiner Psyche, und mit dem vierten schläfst du – und alles nur, weil einer allein das alles gar nicht erfüllen kann oder »der Richtige« noch nicht in deinem Leben aufgetaucht ist.

Dann fällt dir irgendein Selbsthilfebuch in die Hand, und es sagt dir, du sollst dir bitte selbst Blumen kaufen und so tun, als führtest du dich selbst aus. Gib dir selbst das, was du brauchst, ist die Devise. Ja, tu das. Aber gib dir, was du wirklich brauchst, und das sind nicht die romantischen Abende. Romantische Abende mit einem an dir ernsthaft interessierten Mann zu erleben, ist wundervoll, und ich wünsche dir jede Menge davon, aber das ist nicht, was dich aus der rasenden Suche erlöst, auch nicht die Rosen, die du dir selbst schicken lässt. Du weißt ja, von wem sie sind, und sie erreichen wieder nicht den Teil in dir, der deine Aufmerksamkeit braucht. Sie finden nur die Platzhalterin der Prinzessin vor, den verzerrten Teil deiner wahren Energie, der statt der echten einen Platz in der Welt einnimmt. Die Blumen nähren die Illusion, alles wäre in Ordnung, sie stillen für einen halben Tag die Sehnsucht nach Aufmerksamkeit. Sie berühren deine wahren Bedürfnisse aber nicht einmal am Rande, entfernen dich sogar wieder ein Stück von dir selbst, denn du hast nichts als ein Pflaster auf die Wunde geklebt, damit du sie nicht mehr sehen musst.

Die süchtige Suche geht nicht von der schlafenden Prinzessin aus, obwohl man das annehmen könnte. Nein, es ist der innere Prinz, der männliche Teil, der sich in der Welt Verstärkung sucht, weil er weiß, dass er ohne die Prinzessin niemals heil und ganz wird. Das klingt zunächst einmal absurd. Aber schaue einmal genau hin. Dann bemerkst du nämlich, dass die Suche nach einem Mann aus deiner Yang-Energie heraus geschieht, oder? Du triffst dich, schreibst Anzeigen, telefonierst, du versuchst klarzukommen, wenn er sich nicht meldet, willst herausfinden, woran es liegt, machst Sport, färbst deine Haare, schneidest sie ab oder lässt sie wachsen – und du liest dieses Buch, um etwas für dich zu finden. Das ist alles Aktivität, nach außen gerichtete Energie, männlich. Das ist der innere Prinz, der seine Prinzessin im Blick, im Spiegel, in den Armen eines jeden

Mannes sucht, der unseren Weg kreuzt, weil er sie selbst nicht sehen kann.

Ich weiß, wie verrückt es klingt, wenn ich dir erzähle, dass es dein innerer Mann ist, nicht deine Frau, der so sehr sucht und nicht aufhören kann, die Erfüllung im Außen zu suchen. Wenn wir das aber einmal für einen Moment so stehen lassen, dann lernst du gerade eine sehr wichtige Kraft kennen: Es gibt einen in dir, der von der Prinzessin weiß und der sie sucht. Er sucht sie an der falschen Stelle, aber er sucht sie. Er weiß noch nicht, dass er selbst die Kraft hat, hinter die Dornenhecke zu schauen, und dass genau seine Kraft gebraucht wird. Aber er kümmert sich immerhin darum, er sucht im Außen nach dem Mann, der das für ihn erledigen kann. Wenn er versteht, dass er selbst die Macht dazu hat, wenn er dann noch bereit ist, Unterstützung anzunehmen und sich die richtigen Werkzeuge an die Hand geben zu lassen, kann er seine relativ ziellose und nervenaufreibende Suche auf einen Punkt konzentrieren. Du bündelst deine Tatkraft, du ermutigst den Prinzen, sich selbst auf die Suche zu machen, du feuerst ihn immer wieder an, du gibst ihm zu trinken, wenn er erschöpft ist, und bist bei ihm, während er sich den Weg freikämpft. Wie klingt das?

Das Schwierige ist aber eben, dass sich diese Suche eines Tages so sehr verselbstständigt, dass sie sich wie eine Sucht anfühlt. Du weißt eigentlich genau, dass du auf diese Weise nicht die Erfüllung findest; du weißt, dass dir der richtige Mann einfach über den Weg läuft, ohne dass es für dich etwas zu tun gibt, wenn die Zeit reif dafür ist; du weißt ganz genau, dass es beim Richtigen ganz leicht ist, du musst dich dann weder anstrengen noch tagelang auf einen Anruf warten. Und dennoch kannst du nicht aufhören zu suchen, die Leere in dir ist so erschreckend und der Schmerz so dicht an der Oberfläche, dass es dir nicht möglich zu sein scheint, »ihn« nicht zu suchen, sondern dich um dich selbst zu kümmern und dich in aller Ruhe und Gelassenheit darauf zu freuen, dass er dir einst begegnen wird.

Es ist, als hinge dein Leben davon ab, ihn endlich zu treffen. Das stimmt – und es stimmt nicht. Dein Leben hängt davon ab, dich selbst zu treffen, und die rasende Suche ist nichts als die Suche nach dir selbst.

So erlaube dir, loszulassen, die Kontrolle über dein Verhalten aufzugeben. Hol dich da ab, wo du im Moment stehst. Du kannst es nicht verhindern, dass du glaubst, erst zur Ruhe kommen zu können, wenn der Richtige dir sagt, dass er dich liebt und dich nie verlässt. Denn das stimmt. Aber es ist der innere Prinz, von dem du es hören musst, erst dann wirst du wirklich frei.

Lass uns also, statt unser Gehirn zu verrenken und unsere Gefühle zu kontrollieren, lernen, unsere Aufmerksamkeit auf uns selbst zu richten, auf das, was uns von unserer inneren Prinzessin trennt, damit der Prinz nicht weiter in die Irre läuft – einverstanden? Damit erlösen wir uns selbst – und all die Männer, denen wir einen Schlüssel zu unserem Herzen in die Hand drücken wollen, den sie gar nicht benutzen können, obwohl es viele wirklich tapfer versuchen. Darf ich dir nun deinen eigenen inneren Prinzen vorstellen?

Übungen zum ersten Schlüssel

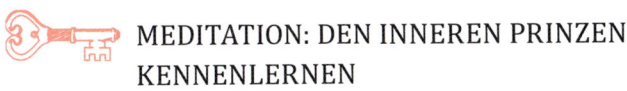 ## MEDITATION: DEN INNEREN PRINZEN KENNENLERNEN

DU SETZT oder legst dich bequem hin und erlaubst dir, zur Ruhe zu kommen. Es gibt nichts mehr zu tun. Stelle dir vor, dass du alles, was dich jetzt noch belastet, in ein kleines Päckchen verpackst und vor die Tür stellst. Jetzt kannst du aufatmen und dann tiefer und immer tiefer sinken, der Außenwelt erlauben, sich für eine Weile ohne dich weiterzudrehen. Nun richtest du deine Aufmerksamkeit nach innen, auf deine Innenwelt. Es ist so wichtig für dich, immer wieder mal in deine eigenen Tiefen abzutauchen, um dort Kraft zu schöpfen und zur Ruhe zu kommen. Denn tief in dir findest du die Kraft, mit der du deinen Alltag meisterst. Hier begegnest du deiner eigenen Leichtigkeit, deiner Stille und deiner ganz eigenen Kraft.

BITTE NUN darum, deine Suche nach einem Mann mit all der notwendigen Anstrengung und in all ihrer Hoffnungslosigkeit fühlen zu dürfen. Erlaube, dass dieses vielleicht tobende, vielleicht auch lähmende Gefühl mit ganzer Macht in dir aufsteigt, gehe hinein, und zwar so sehr und so lange, wie es für dich möglich und richtig ist. Nun frage dich, während du dein Gefühl wahrnimmst: Wer sucht eigentlich?

ERLAUBE, DASS alles in dir auftaucht, was jetzt wichtig ist. Und noch einmal stelle dir die Frage: Wer sucht? Wie sieht dieser Teil in dir aus? Wie fühlt er sich an? Kennst du ihn?

Ist er männlich oder weiblich? Du brauchst dir keinen klassischen Prinzen vorzustellen, sei einfach offen für die innere Kraft, die dir begegnet.

NIMM WAHR, wie sich dieser Teil fühlt. Vielleicht ist er sehr erschöpft, vielleicht scheint er auch wie auf dem Sprung zu sein. Vielleicht erkennst du ihn gar nicht oder nimmst ihn nur sehr schemenhaft wahr. Vielleicht wundert sich dieser Teil in dir, dass du ihn überhaupt ansprichst und zu sehen bereit bist. Denn bis jetzt war er immer allein, hat sich alles allein erkämpfen müssen und sich im Außen Unterstützung gesucht. Diese Situation ist für ihn sehr neu.

SAGE IHM – selbst wenn du ihn kaum erkennen kannst –, dass du jetzt für ihn da bist, seine Kraft anerkennen und ihm zuhören möchtest. Sage ihm, dass du ihn brauchst, um ganz neue Wege zu gehen, dass du weißt, wo die Prinzessin oder das, was er so verzweifelt sucht, zu finden ist. Möglicherweise ist er so sehr mit seiner Suche beschäftigt, dass er vielleicht nicht einmal innehält, um dir zuzuhören. Es kann auch sein, dass er dich gar nicht wahrnimmt. Habe Mitgefühl, er war schließlich immer allein, hat dir mit all seiner Hingabe gedient, hat versucht, dir einen wichtigen Teil deiner Energie zugänglich zu machen. Er kann vielleicht kaum glauben, dass du von nun an auf seiner Seite bist, und du brauchst eventuell viel Geduld. Wenn du seine Aufmerksamkeit erlangt hast, dann zeige ihm die Dornenhecke oder den Stacheldrahtzaun, den Wall der Abwehr, in dir. Zeige ihm den Turm oder das Schloss (oder was immer du dort wahrnimmst), das hinter der Hecke verborgen liegt, und sage ihm, dass er dort finden wird, was er sucht, aber dass er sich durch die Hecke (den Zaun/den Wall) hindurchschlagen muss. Erkläre ihm, dass du von nun an bei ihm bist und dass er die Kraft erhält, die er braucht, um die Dornen zu durchdringen. Er darf jetzt zur Ruhe kommen und sich erholen, bis er die Kraft bekommen hat. Schaue, wie er reagiert ...

NIMM IHN nun in den Arm, wenn er das zulässt, oder klopfe ihm auf die Schulter, wenn ihm das lieber ist, oder verabschiede dich von ihm auf eine Weise, die ihm und dir angenehm ist.

ER WEISS jetzt, dass du ihn siehst und ihn von nun an bewusst unterstützt. Spüre, ob er tatsächlich zur Ruhe kommt – vielleicht setzt er sich auf einen Stein oder legt sich hin und wartet auf das, was auf ihn zukommt. Vielleicht glaubt er dir aber auch nicht und beginnt seine rasende Suche von Neuem; vielleicht fühlt er sich wie gelähmt oder vertraut dir einfach nicht. Habe Geduld, und wiederhole diese Meditation ein paar Mal. Irgendwann wird er auf dich aufmerksam. Und wenn du oft genug wiederkommst, dann vertraut er dir auch eines Tages.

NUN KOMME langsam, so wie es gut für dich ist, wieder zurück in den Raum, in dem du es dir bequem gemacht hast ... Recke und strecke dich, atme tief durch ... Du hast den ersten Schlüssel genutzt, die erste Tür zu deinem weiblichsten Teil geöffnet.

Die Fragen zum ersten Schlüssel

Die folgenden Fragen sollen dir dabei helfen, dir selbst näher zu kommen und zu verstehen, was du eigentlich wirklich suchst. Bitte, nimm dir Zeit, sie zu beantworten. Hol dir etwas zu schreiben, und erlaube dir, auch unangenehme Wahrheiten anzuschauen. Verstehst du, hier geht es darum, wahrhaft lieben zu lernen und echte Liebe in dein Leben kommen zu lassen. Auch wenn du glaubst, dass du das schon kannst und nur die Männer seien falsch gewesen, so ist es hilfreich, den Gedanken zuzulassen, dass das vielleicht nicht ganz stimmt ... Hier also die Fragen:

- Was wünschst du dir von einer erfüllten Partnerschaft?
- Welche Lücke sollen die Männer füllen? Was suchst du wirklich?
- Wie fühlst du dich, wenn du einen Mann in deinem Leben hast? Bist du dann schöner? Wertet dich das auf? Fühlst du dich sicher, geborgen, angekommen, vollständig?
- Auf welche Weise gibst du dich auf, um einen Mann zu finden? Wie verleugnest du dich, deine Wünsche und Bedürfnisse?
- Welche Gefühle hast du, wenn du an deine Versuche denkst, jemanden kennenzulernen? Spürst du Trauer, Hoffnungslosigkeit, Sehnsucht?
- Was fühlst du immer, wenn du mit einem Mann zusammen bist? Welche Gefühle entstehen unabhängig von dem Mann, der gerade aktuell ist? Was ist es, das in dir dadurch zur Ruhe kommt oder angeregt wird?

- Was brauchst du nicht zu machen, wenn du einen Mann in deinem Leben hast? Auf welche Weise geht es dir besser? Und welche Möglichkeiten bekommst du nur, wenn es einen Mann in deinem Leben gibt?
- Fühlst du dich mit einem Mann anerkannter, aufgewertet, als Frau in dieser Gesellschaft eher akzeptiert?
- Macht es dich stolz, einen Mann an deiner Seite zu haben? Empfindest du schon Stolz, wenn du dich der Illusion hingibst, du hättest einen? Wenn ja, wer, glaubst du, ist dann stolz auf dich?
- Gibt es jemanden, bei dem du das Gefühl hättest, dass du ihn verraten würdest, wenn es einen Mann in deinem Leben gäbe? Wem hältst du vielleicht unbewusst die Treue dadurch, dass du eben nicht in einer erfüllten Beziehung lebst?
- Stelle dir vor, dein Traumprinz wäre da. Was wäre anders?
- Und wer (außer dem Prinzen) sucht noch? Gibt es auch ein inneres Kind, das einen Vater braucht?

Es kann sein, dass du diese Fragen zum gegenwärtigen Zeitpunkt noch nicht alle beantworten kannst, aber das macht nichts. Beschäftige dich mit ihnen, und lass das zu, was dir jetzt bereits möglich ist. Es geht nur darum, dein Bewusstsein vorzubereiten und empfänglich zu machen für den Prozess, der durch diese Fragen angeregt wird.

Als Nächstes kümmern wir uns um die Kraft, die der Prinz braucht.

Der zweite Schlüssel

Alle Wege bahnen sich vor mir,
weil ich in Demut *wandle*.

JOHANN WOLFGANG VON GOETHE (1747–1832),
DEUTSCHER DICHTER, NATURWISSENSCHAFTLER UND STAATSMANN

Der zweite Schlüssel

Wir brauchen eine Kraft, die dem Prinzen erlaubt, sich die Dornenhecke zumindest anzuschauen, eine Kraft, die ihn trägt, die ihn durch all das, was er in der Dornenhecke erleben wird, hindurchführt.

Die Kraft des männlichen Prinzips wird verkörpert von Mars, dem Gott des Kampfes und der Tatkraft. Ein von Mars erfüllter innerer Prinz schaut sich die Hecke an, nimmt seine Machete, sucht die schwächste Stelle im Gestrüpp, findet die durchlässigste Stelle und schlägt sich einen Weg hindurch.

Doch das nutzt uns zunächst einmal gar nichts, denn erinnern wir uns: Der Prinz selbst kennt im Augenblick seine wahre Kraft noch nicht – sonst hätten wir kein Problem. Wenn wir also diesem unreifen Prinzlein die Kraft des Mars zur Verfügung stellen, wird er schlicht alles kurz und klein schlagen. Er braucht die Kraft des Mars, aber bevor er diese richtig einsetzen kann, braucht er die Standhaftigkeit und Geduld von Saturn. Er muss bereit sein, seinen Weg zu gehen, und darf nicht gleich alles hinwerfen, wenn er einmal nicht weiterweiß. Sobald er sich aufmacht, die äußere Suche zu beenden und sich nach innen zu wenden, benötigt er eine Menge Ernsthaftigkeit und echte Bereitschaft, sich allem zu stellen, was ihm begegnet, egal, ob es ihm gefällt oder nicht. Denn: das meiste wird ihm nicht gefallen, und genau daran scheitern die meisten inneren Prinzen.

Auf der psychischen Ebene entspricht das Saturnprinzip der Reduzierung auf das Wesentliche, was sich durchaus wie ein großer Verlust anfühlen kann. Saturn steht für unbestechliche Klarheit, dafür, radikal Farbe zu bekennen. Er warnt uns, lässt uns vorsichtig sein und wirkliche Gefahren erkennen. Und hier kommt wieder die saturnische Ernsthaftigkeit zum Tragen: Wenn es um die Abwehr von Gefahren geht, dann ist keine Zeit für Spiel oder Heiterkeit, auch nicht für Ästhetik und Wohlbefinden – es geht darum, das Notwendige zu tun, ohne Wenn und Aber dazu zu stehen und Verantwortung zu übernehmen, sich deutlich sichtbar zu positionieren, die innere Prinzessin aus der Gefahrenzone zu retten, wie ein guter innerer Vater oder Herrscher schützend und anwesend zu sein. Die Tarotkarte, die diese Fähigkeiten verkörpert, ist »Der Kaiser«. Wenn wir einen Erzengel bitten würden (was übrigens eine gute Idee ist), uns in einer solchen Lage zu helfen, wäre es Michael; er steht unter anderem für Schutz, Willenskraft und Struktur, Mut zum Handeln und zur Wahrheit. Sind das nicht genau die Eigenschaften, die wir in einem Mann suchen, an ihm lieben und schätzen? Nun – warum entwickeln wir sie nicht einfach selbst?

Wir brauchen einen Prinzen, der bereit ist, auf seinem Weg durch die Dornen zu reifen und zu wachsen, Achtsamkeit und Mitgefühl, aber auch Stärke und Durchhaltevermögen zu entwickeln ... einen inneren Prinzen, dessen Liebe so groß ist, dass er all das freiwillig entwickelt, um seine Prinzessin zu erlösen, die Dornenhecke zu überwinden. Am Ende benötigen wir einen aufrechten, erwachsenen inneren Mann, der sich bis zu Dornröschens Schlafstätte durchschlägt – sonst wacht sie nämlich gar nicht erst auf. Denn sie spürt feinfühliger als jeder Seismograf, ob sie in sicheren Händen ist. Sie wird ihre Kraft weder entwickeln können noch wollen, wenn irgendein Draufgänger – oder gar ein Feigling – vor ihr steht und sie wachküssen will. Das kennt sie schließlich schon, es waren ja genau diese unreifen inneren Anteile, die dazu führten, dass sie sich abschottete und der Erlösung harrt. Sie wartet darauf, dass der innere Prinz erwachsen wird und ihre Zartheit schützt, ihr Raum gibt und diesen nach außen hin verteidigt, damit sie sich entfalten und verwirklichen kann.

Unsere dringende Sehnsucht nach einem Mann ist nichts anderes als die drängende Energie von Dornröschen, die den inneren Prinzen ruft.

Eine liebevolle, reifende, sich immer wieder selbst erlösende Beziehung zu führen, in echter Liebe verbunden zu sein, ist eine der wunderbarsten Erfahrung, die du auf diesem Planeten machen kannst. Den Wunsch nach dieser so unermesslich wertvollen Beziehung stellen wir hier nicht in Frage, denn dieser ist echt und tief in uns angelegt und wird erfüllt, wenn wir die Prinzessin als stabile, erlöste Kraft in unserem System erleben. Der Ruf der inneren Prinzessin zeigt sich im Gegensatz dazu in der süchtigen und sinnlosen Suche nach dem einen Mann, der uns unseren weiblichen Selbstwert zurückgibt, den Selbstwert, den uns irgendjemand irgendwann einmal gestohlen zu haben scheint. Nur – so war es nicht.

Wir waren es nämlich selbst, die diesen Schatz leichtfertig dargeboten haben, weil wir ihn weder geachtet noch geschützt haben. Wir sind es, die zugelassen haben, dass

Dornröschen verachtet, ausgelacht und nicht ernst genommen wurde. Das gehört zu unseren seelischen Absprachen, nur deshalb konnte sich das männliche Prinzip in all seinem Größenwahn, das weibliche in all seiner Opferbereitschaft selbst erfahren. Nein, nicht Männer sind größenwahnsinnig, das männliche Prinzip im Extrem ist es, und zwar dann, wenn das natürliche Gegengewicht, das weibliche Prinzip, keinen Ausgleich schafft. Ebenso wenig sind Frauen die geborenen Opfer, sondern es ist das auf die Spitze getriebene weibliche Prinzip, das sich in Unterwürfigkeit bis zur Selbstaufgabe zeigt.

Das Ausleben der Extreme war bis jetzt sehr sinnvoll, denn wir wollten die Prinzipien in all ihrer Reichweite erfahren, am eigenen Leib spüren, und zwar Männer ebenso wie Frauen. Aber jetzt wird es Zeit, den Ausgleich zu schaffen. Die weibliche göttliche Schöpferkraft will ihren Platz einnehmen, damit Yin und Yang, das männliche und das weibliche Prinzip, auf der Erde ins Lot kommen. Dieser Ausgleich leitet die nächste Stufe der inneren geistigen und spirituellen Evolution.

Damit die erlöste weibliche Kraft in uns ihren Platz finden kann, brauchen wir, auch wenn es sich merkwürdig anhören mag, noch ein bisschen mehr männliche Energie. Diesmal aber geben wir dieser männlichen, nach außen orientierten Energie eine klare Ausrichtung und einen echten, der Liebe dienenden Auftrag.

Darf ich dir nun eine Kraft vorstellen, die wir alle bewundern, vor der wir aber kollektiv zurückschrecken, wenn sie in unserem Leben auftaucht? Es ist die Kraft der Disziplin und der unbestechlichen inneren Klarheit. Diese finden wir bei Saturn. Er ist der Hüter einer Schwelle, eines Schlüssels zu einer Tür, an der wir nicht vorbeikommen, wenn wir einen echten Schritt in unserer Entwicklung machen wollen. Mit Saturn hören das Herumspielen, das Kokettieren, das Flirten und die Albernheiten auf.

Wir alle haben eine solche Angst vor Saturn, dass wir ihn am liebsten in den Schatten verbannen – richtig? Er verlangt von uns, dass wir nüchtern sind, abstinent, uns auf das Wesentliche konzentrieren und Schritt für Schritt unsern Weg gehen, in Klarheit und voller Verantwortung für uns selbst. Wir sollen in allen Bereichen und unter allen Umständen die Verantwortung für uns übernehmen, auch in den Bereichen, in denen wir uns nun wirklich wie ein Opfer fühlen. Wer sind wir denn – Asketen oder Heilige kurz vor der Schwelle zur Erleuchtung? Und ist das nicht genau das Gegenteil der Kraft, die wir in uns spüren wollen, das Gegenteil der lieblichen, verspielten, romantischen Prinzessin? Ja, das mag sein. Aber was wäre, wenn sie erst dann erwacht, wenn wir ihren machtvollen Verbündeten, ihren Beschützer und Gegenpol in uns entwickelt haben? Denn stelle dir vor, sie wacht auf und hat (wieder!) niemanden hinter sich stehen, der sie schützt. Dann wird jeder dahergelaufene Energievampir die Kraft aus ihr heraussaugen, jeder Herrschsüchtige wird sie unterdrücken, jeder kann sie einschüchtern oder sie dazu bringen, sich wieder völlig aufzugeben, weil sie nichts als Hingabe an die Liebe und Schönheit kennt. Denn eben das ist ihr Prinzip, ihre Energie.

Wenn du Saturn, den inneren asketischen und heiligen Herrscher, der es unter allen Umständen ernst meint, nicht als gute, dem Leben dienende Kraft in dir trägst, dann bleibst du ein unzufriedenes Kind, das seine Bestätigung immer im Außen sucht.

Die Kraft, die wir brauchen, ist nicht das unerlöste Vaterprinzip, die strafende, alles Liebevolle, Weibliche und Weiche unterdrückende Macht, die wir kennen. Wir lehnen diesen Saturn so sehr ab, weil er, scheint es uns, nie für uns da war, weil uns sein Prinzip mit Maßregelungen und Strafmaßnahmen bändigen wollte, anstatt unsere Energie zu unterstützen. Saturn in seiner dunklen Form ist starr, unerbittlich, der strafende Vater, der alles, was lebendig, ohne Struktur oder chaotisch ist, alles, was wild, natürlich, lebendig oder frei ist, unter seine Kontrolle zu bringen versucht. Das ist Saturns Natur, er steht für Regeln, Gesetze und Pflichten.

Der unerlöste Anteil Saturns ist genau die Kraft, die Dornröschen so sehr verängstigt hat, dass sie lieber für den Rest ihres Lebens schläft, als noch einmal seinen zornigen, vernichtenden Blicken ausgesetzt zu sein – und das ist auch gut so. Denn in dieser Form ist er der herrschsüchtige König, der seine Untertanen demütigt und ausbeutet, der Tyrann, der sein Volk ausbluten lässt und selbst im Luxus lebt. Auch eine Kirche, die dogmatisch und lebensfeindlich ist, die die eigenen starren Gesetze vorzieht, anstatt die Gesetze des Lebens zu achten, ist von dieser Saturnseite geprägt. Von der Kraft des verzerrten, dunklen Herrscherprinzips hören wir auch jeden Tag in den Nachrichten; dort geht es letztlich um nichts anderes als um unerlöste Prinzipien.

Es wird dringend Zeit, dass wir dieses Prinzip würdigen und es in erlöster Form in unser Leben bitten, damit die Verzerrung und die Projektionen aufhören können. Es selbst schreit nach Erlösung, oder warum, glaubst du, wütet es in unserer Welt wie ein tobendes Ungeheuer?

Und wie hast du den dunklen Saturn am eigenen Leibe erfahren? Wenn du jemals einen Menschen stürmisch und voller Liebe umarmt hast und dafür ein pikiertes »Benimmt sich so ein Mädchen?« geerntet hast, dann weißt du, was ich meine. Vielleicht hast du lieber Kringel und Herzchen gemalt, anstatt zu rechnen, oder wolltest rechnen und solltest statt dessen hübsche Bildchen malen. Vielleicht zogst du dich am liebsten an wie Pippi Langstrumpf und erntetest damit ein »So nehme ich dich nicht mit auf die Straße!«. Vielleicht wolltest du dein Lieblingsfaschingskostüm tragen, du weißt schon, das Prinzessinnenkleid, doch das war beim Einkaufengehen unerwünscht. Vielleicht wolltest du lieber eine Indianerin oder ein Astronaut sein und wurdest dafür belächelt.

In allen diesen Fällen hast du den strafenden, hartherzigen Vater kennengelernt. Es spielt dabei überhaupt keine Rolle, wer ihn dir verkörpert hat, er kann auch durch deine Mutter gewirkt haben – es geht um ein Prinzip, nicht um Personen. Das verstehst du, nicht wahr? Vielleicht wolltest du die Haare gern lang und offen tragen, vielleicht eine rosa Tapete, vielleicht nur mit Puppen spielen, vielleicht einen Hund oder eine Katze als liebevollen Begleiter ... was auch immer dein Ausdruck von Lebendigkeit war, wenn du mit dem strafenden Vaterprinzip in Kontakt gekommen bist, dann wurde dieser Ausdruck lächerlich gemacht, abgewertet, als ungehörig oder schlicht als dumm betrachtet. »Stell dich nicht so mädchenhaft an!« – kennst du das? »Mädchenhaft« kann ein Schimpfwort sein, dann wird es gleichgesetzt mit Ängstlichkeit und Schwäche. Der Unterschied zu dem Wort »weiblich« ist in diesem Fall so geringfügig, dass du dich ruhig vollkommen und in deiner gesamten Energie abgewertet und missbilligt fühlen darfst, denn genau das ist passiert.

Was also sollen wir mit dieser Kraft? Nun, wir brauchen sie, aber natürlich in ihrer erlösten Form. Wir schütten das Kind mit dem Bade aus, wenn wir das Saturnprinzip in uns nicht wirken lassen. Ich gebe dir hier keinen Exkurs in Astrologie; mit »Saturnprinzip« ist eine formgebende, stabile, auf Strukturen und Notwendigkeiten achtende Kraft gemeint, die die bestehenden Pflichten kennt und dafür sorgt, dass sie mit Disziplin ausgeführt werden. Na, schüttelt es dich? Machst du das nicht sowieso den ganzen Tag? Ja, vielleicht. Aber wem dienst du damit?

Ein wahrhaft erlöster Saturn dient immer und ausschließlich der Lebendigkeit, dem Schöpferprinzip und der Liebe. Seine Pflichten sind auf sich selbst gerichtet, er verpflichtet sich seiner eigenen Kraft, seiner Energie, seiner Intuition und seiner Wahrheit. Niemals geht er den bequemen, feigen Weg, er steht vollkommen zu dem, was er für sich als richtig und wahr erkannt hat, folgt den Strukturen des Lebens, nicht denen der Angst – und schon gar nicht denen der anderen. Ein erlöster Saturn macht dich zum wahren Helden, ohne dass dieser Held nach Anerkennung schreit; er geht einfach seinen Weg und setzt sich mit dem auseinander, was ihm begegnet. Dieser Held kann die Dornenhecke durchdringen, Stück für Stück. Aber nur er kann das. Der ungestüme junge Prinz rennt nach ein paar Dornen weg oder kommt dermaßen zerschlagen im Schloss an, dass er zunächst sämtliche Aufmerksamkeit und Fürsorge für sich selbst beansprucht. Da wartet aber keine Mutter auf ihn, sondern eine schlafende Prinzessin, die seinen Schutz benötigt ...

Ich möchte dir jetzt meine sehr persönliche Erfahrung mit Saturn beschreiben, vielleicht erkennst du dich darin wieder. Oh, ich hatte wirklich Angst, ihm zu begegnen, denn ich ahnte, was mich erwartet. Ich glaubte, genau zu wissen, auf welchen Ebenen ich erwachsen werden und das Herumspielen lassen muss, und ich befürchtete, dass er mir meine romantische Fische-Energie nimmt und ausschließlich Klarheit und Nüchternheit fordert. Ich hatte, ehrlich gesagt, Angst, er schickt mich zurück in meine innere Klosterzelle. Dabei ging es weniger um Sexualität als vielmehr um diese auf das Notwendigste reduzierte und äußerst leistungsorientierte Art, zu leben. Das wollte ich nicht noch einmal; es gab doch so viel Leichtigkeit und Freude zu entdecken, und ich war noch lange nicht fertig damit ... Bitte nicht wieder diese innere kalte und einsame Klosterzelle ... Ich hatte ja keine Ahnung!

In meiner Meditation zeigte er sich mir als riesiger, bedrohlicher, schwarzer Planet; er stand zwischen mir und der Erde, und ich wusste, er ist der Hüter der Schwelle, ich komme nicht wirklich zur Erde, wenn ich mich ihm nicht stelle. (Es geht nach wie vor um das Herrscherprinzip, um die Kraft, die man in der Astrologie meint, wenn man von Saturn spricht, natürlich nicht um den Planeten selbst …) Dies war die Botschaft, die er mir gab, als ich ihn bat, mir seine Energie zu zeigen:

»Du verleugnest meine Kraft und fliehst vor ihr, aber du kommst nicht an mir vorbei. Ich stelle mich dir wieder und wieder in den Weg. Du flehst um Fülle, Liebe und Freiheit, aber du wirst sie nicht erlangen, solange du dich an mir vorbeizumogeln versuchst. Ich wirke, und du kannst mich nicht besänftigen.

Ich lasse mich nicht abspeisen, und dass du solche Angst vor mir hast, zeigt nur, dass du dich mir endlich stellen und von mir lernen solltest. Ich falle nicht auf »Engelchen-flieg-Geschichten« herein. Werde erwachsen! Nein, du verlierst dabei nicht deine Leichtigkeit.

Ich schließe keine Kompromisse. Du musst dich mir stellen, denn du wirst nicht an mir vorbeikommen. Bei mir hört das Spiel auf, bei mir lernst du Disziplin, Klarheit, Stärke, Grenzen, Kompromisslosigkeit. Ob du das willst oder nicht, ob du glaubst, dass du es brauchst, oder nicht, das spielt überhaupt keine Rolle.

Lass dich auf mich ein oder nicht. Ich stehe hier, groß, drohend, schwarz, ich wanke und weiche nicht. Dich auf mich einzulassen ist sehr, sehr mutig, denn ich verändere deine Struktur völlig. Aber ich höre erst auf, dich zu bremsen, wenn du mich in dein Leben lässt. Dann fließe ich in die richtigen Kanäle.

Du hast Angst vor Armut, Tod, Härte, Alleinsein. Das ist meine Energie. Du hast Angst vor mir. Bitte mich nicht länger, dich zu unterstützen, sondern erkenne meine Kraft an. Ich bin kein Programm, das man nach Belieben an- und ausschalten kann. Ich bin machtvoll, schwarz, Angst einflößend, vor allem für kleine Engel.

Du kommst nicht an mir vorbei. Du musst mitten in mich hineinfliegen, mitten ins Schwarze. Du kannst mich nicht einfach nur geistig erfassen, um zu vermeiden, dass du meine Energie zu spüren bekommst. Du musst mich durchleben, fühlen, dich mir stellen.

Ich bin keine Blockade, ich bin ein Prinzip. Wenn du es zulässt, finde ich meinen Kanal, wenn nicht, bremse ich dich auf allen Ebenen.«

Puh! Da stand ich nun, wusste nicht, ob ich mitten in ihn hineinfliegen sollte oder nicht. Ich befürchtete, mich vollkommen in ihm aufzulösen und mich am Ende schuldig und unzulänglich zu fühlen, weil ich als Asketin so kläglich versage. Doch was hatte ich als Seele für eine Wahl? Über kurz oder lang muss ich mich sowieso dem stellen, was auf meinem Weg liegt ... Ich sagte also Folgendes:

»Gut, Saturn, dann sei es so. Ich bin erwachsen, ich lasse mich darauf ein, ich habe Angst, aber vor allem Ehrfurcht vor deiner Kompromisslosigkeit und Kraft. Mach mit mir, was du willst. Ich biete dir alles an, meine Seele, meinen

Körper*, meine Beziehungen, meine Arbeit, meine Wohnung, mein Geld, alles. Verwandle mein Leben, wenn es denn sein muss. Finde deinen Platz in meinem System, nimm dir deinen Kanal.«

Ich ließ mich fallen und hineinziehen, mitten in seine Schwärze. Ich wusste wirklich nicht, was mich erwartete, befürchtete, dass ich alles verlieren könnte, was mich ausmacht ... Ich bangte, dass das Herrscherprinzip nun endgültig zuschlagen und mir alles nehmen würde, was weich, liebevoll und verspielt ist. Ich weiß immer noch nicht, wie ich auf die Idee kam, mich trotzdem hineinfallen zu lassen. Das war kein Mut, sondern es kam aus dem Gefühl, sowieso keine Wahl zu haben.

Ich ließ mich also fallen – und ein Wunder geschah: Augenblicklich veränderte sich die Energie, es wurde gleißend hell, und ich hörte ein lautes Lachen. Ich sah den schon sprichwörtlichen alten Mann mit dem weißen Bart. Er lachte mich an, ja, es schüttelte ihn förmlich vor Lachen! Ich bekam nun Folgendes zu hören:

»Ich bin das erlöste Prinzip, und was glaubst du, wem ich diene? Natürlich der Schöpfung, der Liebe! Ich gebe die Form, ich entferne alles Überflüssige, alles, was nicht Liebe ist. Ich achte darauf, dass die Gesetze eingehalten werden, aber die wahren Gesetze, die kosmischen, die natürlichen, die Gesetze des Ausgleichs, die Gesetze der Liebe und der

---

* Ich kannte diese Kraft schon durch die 12-Schritte-Programme der anonymen Selbsthilfegruppen, die mir sehr halfen, als ich noch zu viel gegessen habe, deshalb führe ich hier auch den Körper an.

Formgebung! Ich diene nur und ausschließlich dem göttlichen Schöpferplan, ich bin ein Prinzip, das die anderen unterstützt und dem göttlichen Plan, der göttlichen Kraft im wahrsten Sinne des Wortes Ausdruck verleiht.«

Verstehst du das? Das Saturnprinzip hilft uns, unsere Energien diszipliniert und konzentriert einzusetzen und uns nicht zu verzetteln. Es ist nicht wie ein herrschsüchtiger Vater, der kein anderes Prinzip neben sich gelten lässt. Saturn stärkt deine Energie, ohne sie zu bewerten. Er stützt dich im Dienst der Schöpfung, nicht im Dienst seiner Vorstellung von dir. Wir haben Angst vor Strafe, nicht vor Saturn. Saturn dient der göttlichen Kraft, die dich erschaffen hat. Er unterstützt deine Energie. Er straft und wertet nicht; er lehrt dich, wie du deine Angelegenheiten auf der Erde umsetzen kannst.

Saturn zeigt dir die perfekte Struktur für deine Energie, trennt Wichtiges von Unwichtigem. Doch im Gegensatz zum unerlösten Prinzip der Bestrafung dient er dem Licht und dessen Ausdruck in dir. Er zeigt dir, um das mal ganz bildlich auszudrücken, wie du rosa Seidenkissen (die ich hier als Metapher für Zärtlichkeit, Liebe, Sanftheit, Hingabe und Romantik nutze) nähen kannst, wenn das dein Wunsch ist, aber so, dass sie lange halten und nicht einfach nur irgendwie zusammengestückelt sind. Er würde dir auftragen, sie nicht rasch zusammenzusticheln, sondern ordentlich zu nähen. Und ich dachte immer, er fände rosa Seidenkissen total kitschig.

Das ist der Unterschied: Saturn unterstützt dich in dem, was sich durch dich ausdrücken will, er gibt dir die Kraft, das zu tun, was durch dich getan werden will, jenseits von Bewertungen, moralischen Vorstellungen oder willkürlichen Gesetzen. Er gibt dir den Mut und die Kraft, dich nicht zu verbiegen, sondern deiner inneren Führung zu folgen, egal, ob das auch nur ein anderer Mensch versteht oder nicht, und egal, ob du dich dabei lächerlich machst oder nicht. Er trennt Wesentliches von Unwesentlichem, aber er dient dabei dem lebendigen Ausdruck von Liebe, und, was wesentlich ist, dabei entscheidet nicht der Verstand oder gar die Angst, sondern die Schöpfung, das Leben selbst. In diesem Rahmen können auch rosa Seidenkissen durchaus sehr wesentlich sein.

Wir dürfen uns Saturn anvertrauen, denn er wertet nicht. Er verstärkt einfach deine Energie und gibt ihr eine Möglichkeit, sich auszudrücken, keinesfalls fegt er sie mit einem zynischen Spruch beiseite. Im Saturn ist es hell, strahlend und klar. Die Atmosphäre ist sehr liebevoll. Du erhältst dort klare Ansagen, auf deine Fragen ein klares Ja oder Nein, entwickelst klare Gedanken. Gefühlsduselei hat dort keinen Platz. Mit seiner Hilfe gewinnst du Festigkeit, Ausdauer, Beständigkeit, Sicherheit. Zweifel verschwinden. Geordnete Strukturen entstehen, aber in deinem Sinne. Deine Saturnenergie unterstützt dich, deinen lebendigen Ausdruck.

Saturn erlaubt und unterstützt ausdrücklich alles, was dem freien Fluss deiner Energie dient; er nimmt nur weg, was sie verschleiert, blockiert oder verzerrt. Er lässt zum Beispiel keine Sucht gelten, keine Vernebelung der Sinne und der Gefühle. Saturn lässt nicht zu, dass du von romantischen, mit viel Weichzeichner gefilmten Erlösern hoch zu Roß träumst, auch nicht vom starken Helden, der dich

aus der brennenden Hütte zieht und dich über seine Schulter wirft, um dich für immer auf Händen durchs Leben zu tragen. Saturn lehrt dich, die brennende Hütte aus eigener Kraft zu verlassen und alles zu tun, damit das Feuer gelöscht wird. Er erlöst dich aus deiner dir selbst verordneten weiblichen Ohnmacht. Und genau deshalb braucht der innere Prinz seine besondere Kraft.

Übungen zum zweiten Schlüssel

 MEDITATION: INNERE KABEL ORDNEN

(Vielleicht scheint dir diese Meditation ein bisschen zu technisch zu sein, aber schau, ob du dich nicht dennoch darauf einlassen kannst. Vielleicht ziehst du es vor, dir statt Kabel Lichtbahnen oder bunte Strahlen vorzustellen. Saturn ist allerdings ein Planet der Erdzeichen, hier geht es um konkrete Strukturen, und deshalb ist es sinnvoll, dir auch konkrete Strukturen vorzustellen.)

STELLE DIR bitte einmal vor, deine Nervenstränge wären wie Kabel, die von einem Schaltschrank (nämlich deinem Gehirn) aus zu den verschiedensten Leuchten führen. An jedem Kabelende ist eine Lampe angeschlossen, vielleicht ein wunderschöner Wandleuchter, eine hübsche Stehlampe, eine bunte Leuchtkugel, große und kleine Lampen. Vielleicht aber führen auch alle Kabel zu einem einzigen riesigen

Kronleuchter. Wenn du genau hinschaust, dann erkennst du, dass diese Kabel teilweise ziemlich verknotet sind, bei einigen gibt es Kurzschlüsse, andere sind nicht richtig verdrahtet, weitere führen ins Leere oder sind falsch herum angeschlossen. Es scheint eher ein Kabelsalat zu sein als ordentlich geführte Kabelstränge. So kann natürlich keine Kraft fließen, jedenfalls nicht stabil und zielgerichtet.

NUN BITTE die Kraft von Saturn, dieses Gewirr zu ordnen, damit alle Lampen in bestmöglicher Weise leuchten können. Und dann erlaube, dass der Prozess beginnt. Du brauchst nicht zu verstehen, was vorgeht, lass einfach zu, dass Kabel neu verdrahtet werden, dass Kurzschlüsse beseitigt und Lampen neu angeschlossen werden. Es kann sein, dass einige der Kabel völlig neu gezogen werden müssen oder dass neue hinzukommen. Gehe davon aus, dass die Lichttechniker genau wissen, was zu tun ist. Das kann ein bisschen dauern, du brauchst nicht alles zu verfolgen, es geschieht von allein.

STELLE DIR nun bitte dein Gehirn vor, und nimm wahr, dass es zwischen den beiden Gehirnhälften eine Brücke gibt. Vielleicht siehst du diese Verbindung wirklich als Brücke, vielleicht auch als Kabelstränge oder Lichtbänder. Bitte darum, dass diese Brücke verstärkt und aktiviert wird. Warte, bis sie stabiler, dichter oder größer, heller wird. Diese Brücke ist die Voraussetzung dafür, dass Yin und Yang in dir zu einem Ausgleich kommen, dass die Gehirnhälften miteinander kommunizieren, dass deine männliche und deine weibliche Energie ein gutes Gleichgewicht finden. (Es kann sein, dass du nun einen Druck auf oder im Kopf spürst, das darf so sein, es geht vorüber.)

UND DANN, irgendwann, spürst oder siehst du, dass alle Kabel richtig miteinander verbunden sind. Du legst den Hauptschalter um, der sie aktiviert – nun erstrahlt der Kronleuchter in hellstem Licht, alle Lampen leuchten, dein ganzes Sein ist erhellt und bereit, in aller Klarheit und Tatkraft voranzuschreiten.

DU ÖFFNEST die Augen und fühlst dich vielleicht ein bisschen schwindlig oder benommen. Schenke dir selbst ein wenig Ruhe, denn das ist ein sehr tief greifender Prozess, der deine energetischen Lichtbahnen neu verknüpft und dich an die allerhöchste Lichtquelle anschließt. Auf die Dauer erhöhst du damit deine Lebensenergie, wenn es auch zu Beginn etwas anstrengend sein kann.

 ÜBUNG: EIN SCHWERT FÜR DEN PRINZEN

FÜR DIESEN zweiten Schlüssel benötigen wir außerdem eine konkrete Handlung im Außen; der Prinz braucht ein Symbol, das ihm diese besondere Kraft verleiht. Du musst nun nicht hingehen und ihm für eine Menge Geld ein tolles Schwert kaufen (obwohl das natürlich auch eine gute Idee wäre), doch es ist wichtig, dass er ein Geschenk bekommt, damit er sich wahrgenommen und gewürdigt fühlt.

SCHREIBE ZUNÄCHST bitte eine Liste der Eigenschaften, die du dir für deinen inneren Prinzen wünschst oder bei denen du spürst, dass er sie braucht, auch wenn es dir vielleicht lieber wäre, er hätte sie nicht. Beim Schreiben dieser Liste bekommst du ein klares Gefühl dafür, was dir fehlt;

bitte sei bereit, das, was sich da zeigt, zu akzeptieren. Wenn es Mut und Klarheit sind, dann schäme dich nicht dafür, dass du sie noch nicht in dem Maße besitzt, wie du das von dir erwartest, sondern sei bereit, sie in dein Leben zu bitten. (Oder spüre die Scham, sei aber dennoch bereit ...) Es kann sein, dass du Angst bekommst, wenn du erkennst, was dir fehlt, dass du spürst, es gibt Bereiche, in denen das Herumspielen und die Ausreden aufhören müssen. Bitte dann zunächst um die Bereitwilligkeit, dich dir selbst zu stellen. Manchmal genügt es schon, um Bereitschaft zu bitten, alles andere kommt dann von ganz allein.

UND DANN, wenn du die Liste geschrieben hast, frage deinen inneren Prinzen, welches Symbol, welcher Gegenstand all das verkörpern würde. Das kann ein Stein sein, ein Bild, das besagte Schwert, vielleicht auch etwas ganz anderes. Sicher bist du vertraut damit, deinem inneren Kind etwas zu kaufen oder deiner inneren Frau bewusst eine Freude zu machen; nun bekommt eben der Prinz sein Geschenk. Gehe mit offenen Augen durch die Läden, und sei sicher, er wird dich führen – wenn du die Liste wahrhaftig und ehrlich geschrieben hast, weil seine Energie dann sehr klar ist. Durch das Symbol, das dir ins Auge fällt, erkennst du seine Kraft noch deutlicher, und vielleicht wunderst du dich, weil es etwas ganz anderes ist, als du erwartet hast. Es kann ein Bild von Erzengel Michael oder einem großen, stabilen Baum sein, eventuell aber benötigst du auch etwas sehr Kraftvolles, Kriegerisches oder einen Gegenstand, der für unbestechliche Klarheit steht. Ein hervorragendes Geschenk für den inneren Prinzen ist eine Trommel, die ihn mit der Erde, seinen eigenen Heilkräften und seinen männlichen Wurzeln verbindet. Sei einfach offen für die Energie des Prinzen, du brauchst sie, auch wenn sie vielleicht anders ist, als du es dir eingestehen willst. Du kennst sie noch nicht, und es ist sehr sinnvoll, sie nicht zu bewerten, sondern darauf zu vertrauen, dass er weiß, was er braucht. Stelle das Geschenk an einen für dich gut sichtbaren Platz, und sei bereit, diese Energie Stück für Stück in dir wirksam werden zu lassen.

Die Fragen zum zweiten Schlüssel

Nimm dir bitte auch diesmal Zeit für die Fragen, auch wenn sie dir unangenehm sind. Liebste Seelenfreundin, das Ziel ist es durchaus wert, dass du dich ihnen stellst. Du erinnerst dich? Wir sind dabei, die wundervollste Kraft zu erwecken, die in dir lebt, nämlich die Fähigkeit, wahrhaftig zu lieben. Wir schaffen ihr einen inneren Raum voller Freiheit und Klarheit, damit sie beginnen kann, in deinem Leben zu wirken.

♛ Was, befürchtest du, könnte dir Saturn nehmen? In welchen Bereichen spürst oder bangst du, dass Disziplin und das Einhalten von Gesetzen hilfreich oder nötig wären? Es kann sein, dass du dich irrst. Schreibe bitte einfach alles auf, was dir einfällt. Manchmal glaubt das kleine Kind in uns, es müsse gehorsam sein, damit es geliebt wird – auch dieser Teil bekommt hier eine Stimme.

⚜ Wo engen dich geschriebene oder auch ungeschriebene Gesetze so ein, dass du das Gefühl hast, dich selbst zu verleugnen, wenn du sie einhältst? Und wo könnten sie dich stützen und dir Halt geben?

⚜ Kennst du eigentlich den Unterschied zwischen echten, geistigen Naturgesetzen und künstlichen, starren Regeln?

⚜ Wo brauchst du mehr Standhaftigkeit? Wer oder was lenkt dich immer wieder von dem ab, was in deinem Leben wesentlich ist?

⚜ Und – was ist eigentlich wesentlich? Was ist dir wirklich wichtig? Wohin sollte deine Energie fließen? Was willst du verwirklichen? Was ist es, das du wirklich erreichen willst?

⚜ Bist du sicher, dass das deine eigenen Ziele sind? Wenn nein – wem willst du etwas beweisen? (Nimm das bitte als echte Frage, und finde eine echte Antwort, »eigentlich niemandem« gilt nicht.)

⚜ Wer oder was hindert dich daran, das zu tun oder zu erreichen, das deinem Gefühl nach wichtig ist? (»Ich muss Geld verdienen und kann deshalb nicht so viel malen, wie ich will« ist durchaus eine Antwort, auch »Ich bin nicht schön genug, um einen Mann zu finden« darfst du ruhig aufschreiben, wenn du es so fühlst.)

⚜ Welche Menschen gibt es in deinem Leben, die dich stören, dir Energie rauben, dich daran hindern, zu tun, was du tun willst? Sei bitte sehr ehrlich; du brauchst nichts zu ändern, nimm es nur wahr, wie eine Art Bestandsaufnahme.

♛ Und welche Gedanken und Idee hindern dich immer wieder daran, zu tun, was ansteht? Wie lähmst du dich selbst, hältst dich selbst in Schach oder redest dir deine Wünsche und Träume aus?

Mit dem nächsten Schlüssel beginnen wir, das Schwert der Klarheit zu nutzen.

Die *Poesie* heilt die Wunden, die der *Verstand* schlägt.

NOVALIS (1772–1801),
EIGENTLICH GEORG FRIEDRICH PHILIPP
FREIHERR VON HARDENBERG,
DEUTSCHER SCHRIFTSTELLER UND PHILOSOPH

Der dritte Schlüssel

Zur selben Zeit, in der die Gnade angefangen hat, deine Augen zu öffnen, sodass du die wahre Gestalt der Dinge bemerkst, beginnen deine Augen Tränen zu vergießen, bis dass sie durch ihre Menge deine Wangen abwaschen, und der Andrang der Sinne wird zur Ruhe gebracht, indem sie friedlich in dir eingeschlossen werden.

ISAAK VON NINIVE (ETWA 600–650),
SYRISCHER EINSIEDLER, MÖNCH UND MYSTIKER

Wir wenden uns der inneren Dornenhecke zu, erkennen ihr Wesen und beginnen, sie zu durchdringen.

Die Dornenhecke ist nichts als die mächtige Ersatzpersönlichkeit, die du aufgebaut hast, weil deine echte weibliche Kraft schläft. Alles, wirklich alles, was du über das Frausein glaubst und weißt, findest du darin verborgen. Einiges stimmt, aber das meiste stimmt nicht, ist künstlich und interpretiert, in eine Struktur gebracht, die nichts mit echter weiblicher Kraft zu tun hat, sondern damit, wie wir glauben, wie sie sein sollte. Alles, was du jemals über Weiblichkeit erfahren hast, was du erlebt hast, in welcher Inkarnation auch immer, alles, was du gelesen, gehört und verinnerlicht hast, gehört dazu. Alles, was du tust, um die Frau zu sein, die du gern sein möchtest oder glaubst sein zu müssen, alles, was du unternimmst, um geliebt zu werden, aufzufallen oder eben nicht aufzufallen, findest du in dieser Dornenhecke. Alle Glaubenssätze, alle Tricks, Strategien, alles, was nicht echt und wahrhaftig authentisch ist, sondern gekünstelt, anerzogen, kontrolliert und trainiert, angemalt und angezogen ist, gehört dazu. Wir müssen sie nicht in allen Einzelheiten erkennen und vollkommen verstehen, sie weder in Stücke schlagen noch jeden einzelnen Dorn anschauen – wir müssen nur einen Weg hindurch finden. Aber das, was uns auf diesem Weg begegnet, will wahrgenommen, erkannt und erlöst werden. Das Schwert der Klarheit hilft dir dabei, der Mut des Prinzen und seine Liebe zur Prinzessin werden dich hindurchführen.

Wie können wir beginnen, sie zu durchdringen, was ist zu tun, wie setzen wir den ersten Schlag? Nun, das ist ganz einfach. Wir nehmen uns etwas zu schreiben und vollenden den folgenden Satz:

Um als Frau geliebt zu werden, muss ich …

Denke nicht darüber nach, schreibe den Satz ein paar Mal auf, und ergänze ihn, dann kommst du dir schon ganz gut auf die Schliche.

Um auf tieferer Ebene herauszufinden, was wir brauchen, um uns geliebt zu fühlen, hilft es, uns die Männer anzuschauen, die wir uns suchen. Sie scheinen vielleicht völlig unterschiedlich zu sein, aber meistens berühren sie uns alle an einer bestimmten Stelle, und zwar dort, wo wir den Kampf endlich gewinnen wollen. Und hier ist der Punkt, an dem es richtig weh tun kann und wird, wenn wir uns ernsthaft darauf einlassen. Hier sind die Wurzeln der Dornenhecke.

Wer ist der Mann, der uns so verletzt hat? Wer ist dieser Mann, dem wir noch immer hinterhertrauern? Wer hat uns verlassen, als wir ihn am nötigsten brauchten, egal, ob er das wollte oder nicht? Welchen Mann hast du so dringend gebraucht, dass du alles, wirklich alles getan hättest und wahrscheinlich auch getan hast, um seine Liebe und Aufmerksamkeit zu erringen, egal, ob er lebt oder unter den Toten weilt, egal, ob dir das bewusst ist oder nicht, und egal, ob du ihn je kennengelernt hast? Welcher Mann hat dir wirkungsvoller als jeder andere deine Ohnmacht gespiegelt?

Wer hat dir beigebracht, dass du nicht liebenswert bist, egal, wie sehr du dich auch anstrengst? Die erste und größte unerfüllte Liebe deines Lebens – wenn du dieses Buch liest, dann ist die Antwort wahrscheinlich zwingend.

Ob dieser Mann lebt oder noch vor deiner Geburt gestorben ist, ob er dich aufgezogen hat oder du ihn nie kennengelernt hast, ob du ihn liebst, verachtest, ob er dir gleichgültig ist oder ob du ihn gar aus lebensnotwendigen Gründen meiden musst – du weißt, es war dein Vater. Egal, wie tief wir die Wunde auch in uns verbergen, wie sehr wir uns in Gleichgültigkeit, Vernunft, gar in Hass oder Distanziertheit flüchten – die Wunde, die uns ein Vater schlagen kann, der uns nicht wirklich wahrnimmt, ist so groß, dass es fast nicht möglich ist, den Schmerz auch nur für eine Sekunde zuzulassen.

Aber dafür kann unser Vater nichts; das ist ein archetypisches, von der Seele gewähltes und menschliches Drama, das wir nicht vermeiden, nur erlösen können. Auch und gerade unsere Väter tragen immense Verletzungen, sind ihrerseits nicht wahrgenommen worden, haben Gewalt, Tod, Krieg, Angst und Hass erlebt, als sie Kinder waren. Vielleicht tragen wir die Verletzungen für unsere Mütter, für unsere weibliche Ahnenlinie, doch all das Wissen darum nutzt uns gar nichts. Wir müssen uns dem Schmerz stellen. Denn: Den Vater, den wir gebraucht hätten, gibt es gar nicht, die Wunden sind programmiert. Das nimmt ihnen aber nicht die Schärfe, nicht die ganz und gar persönliche Färbung, nicht den ungeheuren Schmerz. Das zu wissen hilft uns nur dabei, uns nicht damit aufzuhalten, unsere Väter ändern zu wollen.

Nun, eigentlich wollen wir sie meistens gar nicht ändern. Nein, wir wollen viel mehr: Wir wollen sie erlösen. Wir wollen mit all unserer Liebe und Hingabe dafür sorgen, dass sie zu fühlenden, liebenden Männern werden, zu Männern, die in der Lage sind, uns und unsere besondere Energie wahrzunehmen, anzuerkennen und zu lieben. Es ist, als wollten wir wie im Märchen den zu Stein erstarrten Prinzen küssen, damit er endlich wieder lebendig wird – und genau das tun wir. Wir küssen jeden Stein, der uns über den Weg läuft, wenn er diese bestimmte Struktur hat, die wir kennen, diese besondere Art der Versteinerung, die uns vertraut ist und an der wir unseren Zauber, die Magie unserer Liebe, messen können. Wir küssen Männer, um sie zu erlösen, sorgen für sie, geben uns vollkommen hin und meistens auch auf, wenn sie eine bestimmte Saite in uns zum Klingen bringen, jene Saite, die schon in unserer Kindheit ohne Resonanz blieb. Wie sehr wir uns auch bemühen, nicht in das alte Schema hineinzufallen – die Wurzeln dieser Verletzungen sind so tief und so grundsätzlicher Natur, dass wir es nicht vermeiden können, selbst wenn wir uns darüber im Klaren sind. Und so suchen wir uns letztlich doch immer wieder die gleichen Steine, auch wenn sie in sehr unterschiedlicher Form daherkommen mögen.

Wir können nicht lieben, solange wir unsere Verletzungen nicht erlöst haben, weil diese Verletzungen wichtig sind. Für den Prozess der Seele ist es unerlässlich, dass wir sie anschauen; und all die Männer, die wir kennengelernt haben, hatten sich bereit erklärt, uns in diesem Prozess zu unterstützen. Je mehr sie uns scheinbar verletzt haben, desto klarer war ihr Auftrag, uns dieses Muster zu spiegeln. Es ist, als fehlte uns genau dieses Stück Identität, das wir in den Augen unseres nicht verfügbaren Vaters und wahrscheinlich in den Augen jedes Mannes, der uns begegnet ist, vergeblich gesucht haben. Als hätten wir durch seine Augen einen Blick auf Dornröschen werfen dürfen, als wäre sie wach und lebendig, wenn sie nur vom ersten und deshalb wichtigsten Mann unseres Lebens wahrgenommen worden wäre.

Ich weiß nicht wirklich, ob das stimmt. Ich bin nicht sicher, ob das so funktionieren könnte, ob wir uns tatsächlich frei entwickelt hätten, wenn dieser erste, offensichtlich so wichtige Blick in den unverzerrten Spiegel möglich gewesen wäre. Denn vielleicht gehört diese innere Suche nach sich selbst einfach zum seelischen Reifungsprozess, und selbst der liebevollste, aufmerksamste Vater hätte uns diese Erfahrungen nicht ersparen können. Vielleicht ist diese Suche wichtig, damit die weibliche Energie sehr bewusst Raum bekommt; vielleicht haben wir uns bereit erklärt, zum gegebenen Zeitpunkt diesen Raum in uns zu schaffen und zu entdecken; vielleicht musste die Dornenhecke als Platzhalter einfach in uns wuchern. Vielleicht.

Letztlich spielt das überhaupt keine Rolle, denn hier sind wir nun, verletzt und auf der Suche nach uns selbst. Es ist zu unserer heiligen Aufgabe geworden, in uns den Raum zu erschaffen, freizugeben, in den die göttliche weibliche Energie einfließt, damit sie Wurzeln schlagen und durch uns in endlich erlöster Form verwirklicht werden kann. Es ist unsere heilige Aufgabe, uns selbst wachzuküssen. Also, gehen wir!

Der dritte Schlüssel

Die Frage, die uns zu den Wurzeln unserer inneren Dornenhecke bringt, ist – wie weiter oben beschrieben – nämlich die Frage danach, was du tun musst, um deiner Meinung nach eine liebenswerte Frau zu sein. Es gibt aber eine Frage, die noch wichtiger ist, mit der wir alle uns jeden Tag herumschlagen, ob bewusst oder unbewusst. Sie ist klassisch – und vollkommen absurd. Sie lautet:

Woran liegt es, dass ich keinen Mann dazu bringen kann, mich zu lieben?

Wir sind aufgeklärt, und wir wissen, dass uns diese Frage kein Stück weiterbringt – aber stellst du sie wirklich niemals? Hast du nicht dieses Gefühl, wenn du nur ein bisschen besser, dünner, schöner, schlauer oder auch dümmer, liebenswerter oder was auch immer wärst, hättest du kein Problem mehr? Bist auch du einfach nicht gut genug? Hast du irgendeinen Makel, den du zu kaschieren versuchst? Bist du nicht irgendwie der Meinung, etwas stimmt nicht mit dir? All die anderen Frauen haben ja Männer, die sie zu lieben scheinen, glauben wir. Was also machen wir falsch? Warum bleibt niemand bei uns, sind wir denn so wenig liebenswert? Liegt es nicht doch an uns selbst? Das sind Fragen, die ich mich fast nicht zu schreiben traue, denn wir wissen es so viel besser.

Nun, wir schon. Unsere innere verletzte Frau nicht. Und unser inneres Kind schon gar nicht. Denn die Fragen, die dahinterstecken, sind folgende: Welches Zaubermittel hätte ich anwenden müssen, damit mein Vater mich wirklich wahrnimmt und liebt? Welcher Satz, welche Fähigkeit, welcher Trick fehlt mir? Wo bin ich ohnmächtig, einfach unfähig, Liebe zu erwecken? Worin besteht das Versagen des kleinen Mädchens? Was hätte sie tun müssen? Was hat sie verpasst?

Es ist fast unmöglich, den Schmerz darüber zuzulassen, dass wir nie eine echte Chance hatten, dass es dieses Zaubermittel gar nicht gibt. Wenn wir ihn zulassen, führt er uns in eine existenzielle Ohnmacht und Machtlosigkeit, die für das Ego und den Emotionalkörper nicht zu ertragen sind. Der Versuch, diese Machtlosigkeit zu vermeiden, ist der Schlüssel zu all der Kontrolle, die wir auszuüben versuchen. Eines Tages müssen wir uns ihr stellen, aber langsam, so, wie wir es können, nach und nach, damit sie erlöst werden kann, damit wir uns wieder an das Energiefeld von Liebe anschließen.

Lange Zeit (bis ich anfing, selbst zu schreiben) dachte ich, ich hätte in einigen dieser schlauen Bücher gelesen, meine Liebe an sich wäre nicht gut genug. Vielleicht habe ich auch etwas falsch verstanden, aber ich dachte, wenn ich nur wirklich und wahrhaftig liebte, dann müsste das im anderen eine Reaktion hervorrufen. Wenn mich also der andere nicht liebt, dann nur deshalb, weil ich ihn nicht wirklich liebe, ihn oder mich oder wen auch immer. Das ist die spirituelle Antwort auf die Frage, in welchem Punkt ich nicht gut genug bin – und ich habe mich lange Zeit damit aufgehalten.

Nun, es ist nichts als Unsinn, denn wir reden hier von verschiedenen Arten der Liebe. Natürlich ruft es im anderen eine Reaktion hervor, wenn du ihn aufrichtig liebst; du berührst sein Energiefeld und seine Seele. In systemischen Familienaufstellungen sieht man immer wieder, wie sehr es die Menschen berührt, wenn Liebe tatsächlich frei fließt. Ob sich dadurch aber wirklich und wahrhaftig im Außen etwas ändert, ob der andere sein Herz für dich bewusst öffnet, ob er überhaupt in der Lage ist, Liebe zuzulassen, darauf hast du nicht den geringsten Einfluss. Die Zauberkraft der Liebe wirkt immer, ja, aber auf der seelischen Ebene. Und wir alle wissen, dass die sich nicht immer gleich im irdischen Leben zeigt, meistens nicht, denn der andere trägt ja auch seine Verletzungen und Schatten mit sich herum.

Die Frage, was nicht gut genug ist an dir, führt dich in eine Sackgasse des Leides, des Schmerzes und der Hoffnungslosigkeit. Du kannst dich jahrelang damit aufhalten und immer wieder neue Strategien ausprobieren, aber sie führt dich nicht wirklich weiter. Die Schönheitschirurgie lebt übrigens von dieser Frage, auch die Kosmetikindustrie und die Klamottendesigner.

Wie immer sage ich natürlich nicht, dass du nicht alles nutzen und tun darfst, was es auf dieser wunderschönen Erde gibt. Wenn du schönere Kleidung haben willst, dann kauf sie dir. Aber achte auf deine Motivation, denn die Frage, was dich liebenswert macht, lässt sich nicht mit einem Designerkleid beantworten. Sie lässt sich nämlich, ehrlich gesagt, gar nicht beantworten.

Wenn du wirklich innerlich weitergehen willst, wenn du erwachsen werden willst, wenn du bereit bist, über den Schmerz hinauszuwachsen und die Dornenhecke an ihrer Wurzel zu packen, dann stelle folgende Frage:

Wozu dient diese Erfahrung?

Wozu dient es, dass dich dein Vater oder ein anderer wichtiger Mann nicht bemerkt, nicht geliebt, nicht versorgt hat, dass du vielleicht gar vernachlässigt, geschlagen oder missbraucht wurdest? Wozu dient das?

Es geht auf diesem Planeten um nichts anderes als um unsere seelische Entfaltung. Es geht darum, dass wir immer mehr Liebe verwirklichen, und um die Entwicklung unseres Bewusstseins, damit immer mehr Seelenanteile in uns einfließen und hier ihren Ausdruck finden. Was auch immer dir also geschehen ist: Wenn du die Frage »Wozu dient das?« nicht stellst, wirst du nicht auf den Punkt kommen, wirst keine Antwort erhalten, die dich wirklich weiterbringt und in der Tiefe deines Seins befriedigt. Was also bist du aufgerufen zu entwickeln, zu verstehen, loszulassen, zu vergeben? Welche Kraft solltest du entfalten? Wo fordert dich das Leben auf, weiter zu werden, freier, selbstverantwortlicher? Welche Konzepte darfst du loslassen, damit Liebe fließen kann? Welchen Kampf darfst du aufgeben?

Genau da, wo es richtig weh tut, da, wo die Dornenhecke am dichtesten ist, brauchst du das Schwert der Klarheit und all deine Liebe zu dir selbst, zum Leben und zur Schöpfung. Verirre dich nicht länger im »Warum ich?«, sondern nutze die Frage »Wozu dient das?«, und lass nicht locker, bis du eine echte, deine ureigene Antwort gefunden hast. Lass dich nicht mit spirituellen Gemeinplätzen abspeisen. Du brauchst echte Antworten, Antworten, die dich nicht lähmen oder dir das Gefühl geben, »noch nicht so weit zu sein«, sondern Antworten, die Wegweiser zu neuen Ufern und zu mehr Freiheit sind.

Atme. Und hol dir Hilfe – geistige, spirituelle und professionelle. Du beginnst, einen Weg zu gehen, der dich in deine Mitte, in dein Herz führt, und sobald du dich dafür entschieden hast, wird dir alles begegnen, was dich bislang davon abgehalten hat. Aber ich will dir nichts vormachen, liebste Seelenfreundin: Das ist ein langer und wahrhaft dorniger Weg. Deshalb bitte ich dich inständig, lass dich unterstützen, such dir Hilfe, und atme immer wieder bewusst. Wenn du nicht richtig atmest, fühlst du dich nicht. Erlaube dir, wirklich und wahrhaftig alles zu fühlen, was du fühlst, auch die Scham, auch die Angst, auch den Neid, die Wut, den Hass, die Verbitterung ... alles. Du bist gesegnet und wirst von allen Kräften des Lichtes unterstützt, und genau darum darfst du auch bitten. So bete jeden Tag, bitte immer wieder um Beistand, um Schutz. Du brauchst nicht deshalb immer wieder zu bitten, weil die Engel, die für dich da sind, es sonst immer wieder vergessen, sondern damit du dich daran erinnerst, dass du deinen eigenen, persönlichen Pilgerpfad in dein Herz angetreten hast. Das ist eine heilige Aufgabe, und genau so darfst und solltest du es auch sehen. Verneige dich bitte vor dir selbst für deinen Mut.

So atme jeden Tag bewusst ein paar Minuten, und frage dich dabei: »Was fühle ich?« Nimm alles wahr, was in dir auftaucht; du brauchst es nicht zu verändern, nichts damit zu tun. Lass es nur zu. Wenn du willst, schreibe es auf, unzensiert, einfach so, wenn du ein Wort dafür findest – wenn nicht, lass es. Du brauchst deine Gefühle nicht zu verstehen, auch nicht zu verändern. Fühle sie. Das reicht schon und ist schwierig genug – schwieriger übrigens, als sie gleich wieder zu analysieren. Ich dachte beispielsweise lange Zeit, die richtige Art, mit Gefühlen umzugehen, sei, zu verstehen, woher sie kommen. Nun, das ist vielleicht ein wichtiger Bewusstseinsschritt, um sich über die eigenen inneren Zustände klar zu werden. Aber es ist nicht die richtige Art, mit Gefühlen umzugehen.

Mit Gefühlen brauchst du gar nicht umzugehen. Fühle sie einfach; fühle, und atme, und erlaube dem Gefühl, dich zu erfassen. Es ist nur eine Welle, die auch wieder abebbt. Lass dich erfassen, gib dich hin, und atme. Die Übung ist, zu lernen, zu fühlen, was du fühlst, nicht den Zustand in dir zu erzeugen, den du fühlen solltest. Das kannst du schon, darin bist du bestimmt Meisterin ... Atme und fühle, das sind die Schlüssel zu deinem Herzen.

Frage nicht länger, was mit dem anderen los ist, sondern frage dich immer wieder, wozu es dient, dass der Mann dich nicht wahrnimmt, verlässt, so schlecht behandelt, sich nicht meldet und so weiter. Womit konfrontiert es dich? Was spiegelt dir sein Verhalten? Welchem Teil der Dornenhecke in dir kommst du dadurch auf die Spur?

Versuche nicht länger, den anderen zu ändern, nicht durch Familienaufstellungen, nicht durch Energiearbeit, nicht durch Nachdenken. Versuche nicht einmal, ihn zu verstehen. Denn wenn du das tust, hältst du dich nur wieder mit dem auf, was an dir nicht gut genug ist, was du kannst und du anders machen solltest, um doch sein Herz zu gewinnen.

Das ist wirklich eine Sackgasse, Herzchen. Das ist dein alter Kampf, egal, wie spirituell er auch daherkommen mag. Wenn es frei fließt, brauchst du das alles nicht; und wenn es nicht frei fließt, dann frage dich, wozu das dient und was es dir zeigen will. Sonst küsst du nur wieder einen Stein.

Übrigens: Auch die Männer müssen sich, genau wie wir, selbst erlösen. Und wenn einer nicht bereit ist, sich auf eine Liebesbeziehung mit dir einzulassen, dann gehe weiter. Du brauchst ab sofort niemanden mehr dazu zu bringen, dich wahrzunehmen. Frage dich nur einfach: »Wozu dient mir diese Erfahrung?«, und kümmere dich um deine eigenen Reaktionen. Denn das ist gemeint, wenn sich der Prinz durch die Dornenhecke schlägt – du bleibst mit deiner Aufmerksamkeit bei dir und gehst nicht wieder ins Außen, suchst nicht im Energiefeld des anderen nach Hebeln, an denen du ansetzen kannst, sondern nimmst dich zur Abwechslung einmal selbst wahr. Ganz deutlich ausgedrückt: Sein Horoskop geht dich nichts an. Sein Energiesystem ist nicht deine Sache. Warum er dich nicht liebt und wahrnimmt spielt überhaupt keine Rolle. Tatsache ist, er tut es nicht – fertig! Das heißt, er ist nicht der Mann deines Lebens, sondern ein Spiegel für etwas Wichtiges in dir.

Das ist sehr schwer durchzuhalten, denn wir haben so viele Techniken zur Verfügung, mit denen wir uns unserer Sucht, im Außen nach Ansatzpunkten zu suchen, hingeben könnten wie noch nie. Das schafft eine Verbindung, eine Illusion der Nähe, die nur den Schmerz verdecken soll, es ändert aber nicht das geringste. Du führst dann vielleicht eine Art Beziehung mit ihm, aber das nutzt dir nichts, wenn er keine mit dir führt. Es ist sonst wie spirituelles Stalking. (Stalker nennt man die Menschen, die andere verfolgen, sie nicht in Ruhe lassen, Grenzen nicht respektieren, eine süchtige einseitige Verbindung aufrechterhalten, das Objekt ihres Begehrens mit Briefen und Anrufen bombardieren, um die eigene innere Leere nicht spüren und aushalten zu müssen.)

Natürlich tun wir das trotzdem, wir können es fast nicht verhindern. Auf höheren Ebenen ist auch das wichtig, denn wir erlösen damit die gebundenen Energien, die zwischen uns und dem aktuellen Mann unseres Herzens herrschen. Dadurch werden wir frei, weiterzugehen. Außerdem lernen wir dadurch eine Menge über Männer und über die Energien, in die auch sie verstrickt sind.

Aber wir sollten diese Techniken nicht nutzen, um von uns selbst abzulenken. Denn wenn du das Gefühl hast, andauernd über die Motive eines Mannes, der dich nicht liebt, dich nicht anruft, nicht verfügbar ist, reden zu müssen, dann kümmerst du dich um ihn, nicht um dich. Und damit brauchst du deinen Schmerz nicht zu fühlen, du nimmst nicht dein eigenes Energiefeld wahr, sondern seines. Das nutzt niemandem etwas, es ist nur der Versuch, die alte Frage nach dem Zauberspruch zu beantworten. Aber es gibt ihn nicht, auch wenn es noch so weh tut. (Ich weiß leider sehr, sehr genau, wovon ich spreche; bitte fühle dich vollkommen verstanden.)

Hier sind die wirklich wichtigen Fragen: Was löst es in dir aus, wenn ein altes Muster im Gewand eines Mannes daherkommt? Welche Gefühle hast du? Was würdest du jetzt gern tun, um ihn doch zu gewinnen? Was sind deine Strategien? Wie fühlt sich der Schmerz an, und woher kennst du ihn?

Nun brauchst du vielleicht, nein, sogar ganz bestimmt Hilfe von außen, denn hier wird es existenziell, hier geht es um die Wurzeln deiner Verletzungen. Das ist deine Dornenhecke, hier lernst du sie kennen, und genau deshalb brauchst du absolute Klarheit und Wahrhaftigkeit.

Das Schwert der Wahrheit ist stärker als jede innere Dornenhecke, aber es kann nur wirken, wenn du es wirklich nutzt. Das bedeutet: Lass deine Gefühle zu – und zwar alle. Auch die, die du gar nicht haben willst, über die du dich erhaben fühlst, und besonders die, über die du deiner Meinung nach erhaben sein solltest. Wenn du deine Gefühle nicht wirklich zulässt, dann bleibst du stecken, verirrst dich, nimmst die Dornenhecke nicht wirklich wahr, weißt nicht, wohin du den nächsten Hieb setzen musst.

Jedes wahrhaftig zugelassene Gefühl ist wie ein Wegweiser, der dich noch tiefer hineinführt in das Dickicht deiner eigenen Verletzungen – aber auch zu dem Schloss, in dem die Prinzessin auf ihre Befreiung wartet. Sie sind der Wegweiser zu ihr, das, was dich noch von ihrer unendlichen Kraft trennt.

Übungen zum dritten Schlüssel

 MEDITATION: DAS VERLETZTE HERZ ZURÜCKGE-
BEN

BITTE DARUM, dass ein Lichtstrahl vor deinem inneren
Auge erscheint, eine Art Leitstrahl, der dich zu jedem ge-
wünschten Ort im Universum transportieren kann. Es gibt
einen Planeten, den wir nun gemeinsam besuchen werden,
wenn du bereit bist, denn hier wartet sehr viel Heilung auf
dich. Es ist der Planet, der die männliche Energie hält, der
Archetyp vom Gott des Krieges, der Yang-Energie.

BITTE DARUM, in diesem Leitstrahl nach oben gezogen zu
werden, bis in das Energiefeld des Mars hinein. Vielleicht
fühlst du bereits jetzt seine unermessliche Energie; vielleicht klopft dein Herz schneller; vielleicht bekommst du
sogar Angst oder wirst aufgeregt. Jetzt spürst du, du bist
Mars ganz nah, und auf einmal steht der Hüter des Planeten
vor dir. Es kann sein, dass es ein riesiger Indianer ist, vielleicht auch einfach eine kraftvolle Energie oder ein großer
Engel; vielleicht ist er sehr Furcht einflößend oder sanft und
liebevoll ... Lass ihn genau so sein, wie er ist.

NUN SPÜRE bitte in dich hinein, und nimm wahr, ob es in dir
ein verletztes Herz gibt – ein Herz, in dem vielleicht Waffen
stecken, das zerschnitten ist, verbrannt oder einfach zer-
brochen. Vielleicht spürst du auch, dass an der Stelle, an der
dein Herz sitzen sollte, nur Schmerz oder Leere sind, lass es
bitte zu, es ist o.k. Nimm das verletzte Herz oder auch die
Dunkelheit aus dir heraus, und gib sie dem Hüter des Mars.

Die männliche Energie bekommt dadurch einen Spiegel vor-
gehalten; sie erhält Informationen darüber, wie sie wirken
kann. Es geht nicht um einen Akt der Wut, sondern darum,
diese Informationen jetzt aus deinem System zu entlassen.
(Wenn du wütend bist, darfst du es natürlich sein.)

GIB IHM also dein verletztes Herz, wenn du willst, wirf es
ihm ruhig auch vor die Füße, und schau, was geschieht. Vielleicht heilt der Hüter des Mars das Herz und gibt es dir zurück, vielleicht aber wirft er es auch auf einen Haufen mit
anderen oder legt es vorsichtig an einen bestimmten Ort ...
Nimm einfach wahr, was damit geschieht. Egal, was das sein
mag, es ist gut so – denn das ist nun mal die Art, wie der
Mars mit diesen Informationen umgeht, es geht uns nichts
an. Deine Aufgabe ist es, das verletzte Herz loszulassen, damit es geheilt werden kann. Vielleicht spürst du jetzt den
Schmerz noch einmal; vielleicht fallen dir Situationen ein,
in denen du sehr von männlicher Energie verletzt worden
bist; vielleicht aber bist du auch einfach froh, dass es nun
vorbei sein darf.

SCHAUE BITTE, ob es in deinem Körper Waffen gibt, die du
mit dir herumträgst. Es geht hier nicht nur um enttäuschte
Liebe, sondern um all die Schmerzen und Verletzungen, die
du dir durch die Erfahrungen mit männlicher Energie zugefügt hast, auch in eigenen männlichen Inkarnationen, durch
die Kriege und Kämpfe, die du vielleicht erlebt hast. Alle
Wunden, die entstanden sind, weil das männliche Prinzip
das weibliche verletzt hat, dürfen nun gehen. So schaue nach
den Waffen, die du noch bei dir trägst oder die in Wunden
stecken, schaue nach allem, was zu der Energie von Mars,

dem Gott des Krieges, dem Hüter der männlichen, nach außen gerichteten Energie, aber nicht mehr zu dir gehört. Es kann sein, dass dieser Prozess ein bisschen dauert und vielleicht schmerzhaft ist, aber es wird wirklich Zeit, die alten Werkzeuge loszulassen, die alten Wunden zu heilen.

NACH EINER Weile, wenn du spürst, du hast alles zurückgegeben, fließt ein Heilstrom aus Licht in dich ein und versorgt dich mit der Energie, die du brauchst, um dein Energiefeld wieder aufzufüllen. Der Hüter des Mars gibt dir nun ein Geschenk, vielleicht ein neues Herz, vielleicht etwas ganz anderes. Nimm es an, wenn es sich gut anfühlt, und lass es in deinen physischen Körper, besonders aber in deinen Emotionalkörper einströmen. Vielleicht ist es Liebe, vielleicht aber auch Hochachtung oder etwas anderes. Spüre, wie gut es tut und wie lange du darauf gewartet hast, diese Energie zu bekommen. Vielleicht willst du ihm nun auch ein Geschenk geben, vielleicht auch nicht, schaue einfach, wie es sich richtig und gut für dich anfühlt. Lass dir Zeit für diesen Prozess.

IN DEINER Zeit, wenn du alles erledigt hast, lässt du dich von dem Leitstrahl wieder zur Erde begleiten. Du kommst wieder ganz und gar in deinem Körper an und nimmst wahr, wie anders du dich nun fühlst – ausgefüllter vielleicht oder auch ein wenig leer, auf jeden Fall aber leichter und freier.

DIE FRAGEN ZUM DRITTEN SCHLÜSSEL

Die folgenden Fragen sind sehr persönlich, und sicher brauchst du viel Zeit, sie zu beantworten. Damit du die Fähigkeit erlangst, mit diesem Schlüssel die nächste Tür zu öffnen, sind auch Familienaufstellungen und Einzeltherapien sehr hilfreich, denn es geht hier wirklich an die Wurzeln deines Schmerzes.

- Auf welche Weise versuchst du, es Männern recht zu machen?
- Welche Kräfte hast du entwickelt? Wie verleugnest du dich? Wo zeigst du dich klüger, schöner, erotischer, vielleicht auch hilfloser, als du in Wahrheit bist?
- Welche »magischen« Künste setzt du ein? Wie wickelst du Männer um den Finger? Ob erfolgreich oder nicht: Was sind deine Tricks?
- Was tust du, wenn du Ablehnung oder Desinteresse spürst? Strengst du dich dann erst recht an, oder gehst du innerlich weiter? Und ist auch das vielleicht ein Trick? Signalisierst du Gleichgültigkeit, um seine Aufmerksamkeit zu wecken, oder lässt du wirklich los?
- Was hast du deiner Meinung nach falsch gemacht? Wo bist du einfach nicht gut genug? Wie hättest du sein müssen, damit dein Vater dich wahrnimmt, dir mehr Aufmerksamkeit schenkt, dich liebt? Und: Hattest du überhaupt eine Chance? Lag das, was von dir verlangt wurde – egal, ob es nur in deiner Vorstellung oder tatsächlich stattge-

funden hat –, überhaupt im Rahmen deiner Möglichkeiten?

♛ Auf welche Weise versucht das kleine Mädchen in dir noch heute, die starke Schulter oder die schützende Hand seines Vaters zu erhalten? Funktioniert das? Und wie hoch ist der Preis dafür? Wer oder was in dir bezahlt ihn?

♛ Versuchst du noch immer, wie die Müllerstochter im Märchen »Rumpelstilzchen«, Stroh zu Gold zu spinnen, weil ihr Vater es dem König vollmundig versprochen hat, obwohl du es gar nicht kannst?

Es kann zum Beispiel sein, dass du sehr wohl weißt, wie du Männer dazu bringst, für dich da zu sein, dich zu bewundern oder dir zu Füßen zu liegen, indem du locker, cool und witzig bist. Der Preis ist vielleicht die warme, weichherzige Frau, die sich nicht zeigen darf, die ihre Gefühle verbirgt und die ihre Verletzlichkeit mit einem leichten Spruch beiseite fegt. Vielleicht zeigst du dich stark, vernünftig, als gute Kameradin, versteckst das ängstliche Kind in dir hinter freundschaftlichem und klugem Verhalten, bist für den Mann da, unterstützt ihn. Ganz sicher aber zeigst du dich niemals schwach und ängstlich, weil du weißt, dass er dann genervt das Zimmer, das Haus, dein Leben verlässt. Vielleicht ziehst du dich sehr bewusst an, verbringst Stunden damit, dich vorzubereiten, sodass du schön, cool und sexy aussiehst, verkörperst die erfolgreiche und selbstsichere Traumfrau. Vielleicht aber drehst du dir das Haar auch in blonde Locken und wirbst für dich, indem du hilflos und süß bist.

Was immer du dir ausgedacht hast, welchen Typ Frau auch immer du bewusst verkörperst, in allen Fällen bist du wie eine Litfaßsäule, läufst Reklame für dich selbst. Das bist alles nicht wirklich du. Es kann unglaublich Spaß machen, ab und zu in die eine oder andere Rolle zu schlüpfen, mit deinen Möglichkeiten zu spielen, und bitte tu das. Hier aber geht es um das, was du glaubst, sein zu müssen, damit du geliebt wirst; im Augenblick herrscht weder Freiheit noch Leichtigkeit, sondern Angst.

Aufzuschreiben, was die Angst auslöst, die Karten auf den Tisch zu legen, kann sehr, sehr befreiend sein. In ein paar Wochen wirst du, gerade weil du dir deine Strategien anschaust, all das nicht mehr anwenden müssen, das verspreche ich dir. Dann wirst du auf völlig neue, ungeahnte Weise mit dir selbst in Kontakt stehen, Lebensfreude und echte Lebendigkeit spüren, einfach du selbst sein können. Und das zieht den Mann an, der dich so liebt, wie du bist, nicht so, wie du sein solltest.

Der vierte Schlüssel

Deine Begierden und dein Geschmack sind jetzt deine Tyrannen.
Lass es gut sein; man muss sie sich austoben lassen.
Sich ihnen zu widersetzen ist Torheit.
Sie werden am sichersten eingeschläfert,
wenn man ihnen freies Feld lässt.

GOTTHOLD EPHRAIM LESSING (1729–1781),
DEUTSCHER SCHRIFTSTELLER, KRITIKER UND PHILOSOPH

Wir erlauben dem Leben, uns durch die Dornenhecke hindurchzuführen, indem wir uns nicht mehr gegen unsere Erfahrungen wehren.

Es kann sein, dass die Suche nach dem richtigen Mann nun erst mal noch schwieriger wird statt leichter. Eventuell bist du sehr verunsichert, wenn du das bemerkst. Wir sind doch auf dem Weg, uns uns selbst zuzuwenden! Wenn wir dem Leben grünes Licht geben, wenn wir bewusst darum bitten, die Lektionen der Seele zu lernen, dann wirkt diese Bereitschaft wie ein Katalysator. Sofern du erst ernsthaft bereit bist, durch die Dornenhecke hindurchzugehen, wird dir nun unweigerlich alles begegnen, was hier gespeichert ist. Du spürst dich selbst immer deutlicher und erkennst deine Dornen immer klarer, möglicherweise fühlst du dich süchtiger und unzufriedener als je zuvor. Willkommen in deiner eigenen Energie, endlich spürst du sie!

Da gibt es diesen Spruch von der Nacht, die am dunkelsten ist, kurz bevor der Morgen anbricht, und genau so ist es. Habe keine Sorge. Mit jeder weiteren Erfahrung, die dir jetzt begegnet, bei der du spürst, wie leer und einsam Sex ohne Liebe sich anfühlt und wie sehr du dich anstrengst und verbiegst, um die Aufmerksamkeit des Mannes zu erlangen, bist du deiner eigenen Erlösung ein Stück näher. Es hat sich nichts verändert, du reagierst immer noch auf die gleiche Weise. Aber du spürst es jetzt. Du nimmst in aller Deutlichkeit wahr, live und in Farbe, was in dir berührt wird, und erst jetzt können die inneren Heilkräfte überhaupt zu wirken beginnen. Erst jetzt bekommt dein Bewusstsein mit, was läuft. Erst jetzt erwacht die Kraft in dir zum Leben, die nein zu sagen beginnt, die genug hat, die aussteigen will, die das alte Programm zum Sterben langweilig findet. Zwar kannst du deshalb noch lange nicht aufhören, aber das macht nichts. Du bist schon auf dem Weg.

Eines Morgens wirst du einfach keine Lust mehr haben, dir die Beine zu rasieren, bevor du abends jemanden triffst, von dem du schon im Vorfeld weißt, dass auch er als Partner, als wahrer Geliebter, nicht in Frage kommt. Du spürst mit jedem Treffen, wie müde du bist. Dennoch gehst du voller Bereitschaft, diesen Mann zu lieben, hin, erlebst vielleicht diesen aufregenden Kick, die Hoffnung, dieser Mann könnte der Richtige sein – und bemerkst gleichzeitig, wie ein sehr klarer, ungerührter Zuschauer, warum das Spiel nicht funktionieren kann. Es ist, als würdest du anfangen, dich selbst zu diesen Treffen zu begleiten, als hättest du nun einen unbestechlichen Richter bei dir, der dir in jeder Sekunde genau sagt, was Sache ist. Du kannst dich nicht mehr in romantischen Vorstellungen verlieren, denn ein Teil in dir ist aufgewacht und lässt sich nicht mehr einlullen oder besänftigen. (Nein, das ist noch nicht die Prinzessin.)

Du bist nun hin- und hergerissen zwischen der inneren Beschäftigung mit der Dornenhecke und deinem äußeren, noch unverändert anstrengenden Leben. Du kümmerst dich intensiv um deine inneren Programme, gehst vielleicht in eine Therapie, liest sehr viel, schreibst alles Mögliche auf, leistest bereits jede Menge innere Arbeit – und kannst es dennoch nicht verhindern, dass du dich mit Männern triffst, mit denen du letztlich nicht teilen kannst, was du so gerne teilen möchtest. Warum ist das so, wozu dient das? Nun, zunächst hast du noch gar nichts, was du teilen könntest, sondern willst noch immer etwas haben. Du bist zwar aufmerksamer und fühlst mehr, aber du bist noch nicht in deinem Herzen angekommen.

Mit dem Schlüssel, den du in diesem Kapitel erhältst, lernst du außerdem zu unterscheiden. Wahrscheinlich sollte bis jetzt jeder Mann letztlich einfach der Vater für dein inneres Kind sein. Du warst vielleicht gar nicht in der Lage, ihn in seiner Energie wahrzunehmen. Damit konntest du auch nicht erkennen, ob er überhaupt gut ist für dich, ob ihr etwas zu teilen habt, was mit ihm möglich ist und was nicht. Ich verspreche dir, dass du am Ende, wenn du den siebten Schlüssel gefunden hast, genau spürst, welcher Mann was in dir anrührt, und die innere Freiheit gewonnen haben wirst, darauf einzugehen oder nicht. Im Moment aber soll noch jeder Mann den so dringend benötigten Vater für dein inneres Kind ersetzen.

Es ist sehr wichtig, dass du in diesem Stadium ganz und gar deinen inneren Impulsen folgst, dich nicht mehr kontrollierst oder beschwichtigst, sondern alles tust, was dir in den Sinn kommt. Das ist der Weg des Prinzen durch die Dornenhecke hindurch, erinnerst du dich? Jetzt braucht er deine Unterstützung und deine volle Bereitschaft, besonders aber deinen Mut. Wenn du ihn jetzt zurückpfeifst, weil es um Erfahrungen geht, die dir nicht geheuer sind oder über die du dich erhaben fühlst, dann kann er deine Prinzessin nicht erlösen.

Vergiss bitte deinen Stolz oder deine moralischen Bewertungen; vergiss bitte unbedingt all das, was dir andere sagen, besonders, was du tun darfst und was nicht. Vergiss sogar, was du glaubst, was deine Religion dir vorschreibt. Hier geht es um deine eigene Wahrheit, um deine ungeschminkten und unzensierten Impulse, denn sie und nur sie verraten die Wahrheit über deinen Energie- und Bewusstseinszustand. Wenn du nicht aufrichtig und offen all deinen Eingebungen und Wünschen folgst, dann verzerrst du noch immer das Bild, das sich dir zeigt. Dann lernst du nicht, offen und frei den Impulsen der Prinzessin zu vertrauen, und kannst nicht danach handeln, wenn sie erst einmal aufgewacht ist. Du brauchst die absolute Freiheit, alles zu tun, was sich richtig anfühlt, und jetzt übst du dich darin.

Es kann sein, dass dir auf der Suche nach diesem Schlüssel die seltsamsten Dinge einfallen. Einen Swingerclub zu besuchen oder allein in Urlaub zu fahren, obwohl du das noch nie gemacht hast, sind dabei noch harmlose Varianten. Auf der einen Seite achtest du dabei natürlich auf dich und tust nichts, was gefährlich ist, auf der anderen Seite trägst du nun aber das Schwert der Klarheit (oder wie immer dein Werkzeug aussieht) und gibst dich keinen Illusionen mehr hin, sondern bekommst deine inneren Impulse sehr genau mit. Du kannst also ruhig etwas riskieren, weil du weißt, dass du jetzt wach bist und auf reale Gefahren reagierst.

Ich will dich um Himmels willen nicht ermutigen, dich einer wie auch immer gearteten Bedrohung auszusetzen. Aber wenn du wirklich wach bist und lernst, deinen Impulsen zu vertrauen, kannst du viel freier mit dem Leben umgehen, und das darfst du jetzt üben. Du bist geschützt, du wirst geführt, und du hast diesen unbestechlichen Richter in dir.

Bei diesem Schlüssel geht es darum, nicht mehr aus Angst zu kontrollieren, sondern die echten Impulse zu fühlen, wahrhaft zu lernen zu unterscheiden. Hast du dich früher aus Angst auf bestimmte Situationen nicht eingelassen, so kannst du es jetzt tun – und gehen, wenn du spürst, sie fühlen sich unangenehm an. Du lernst, auf dich aufzupassen, aber nicht, indem du eine Situation ganz grundsätzlich vermeidest, sondern indem du wach hineingehst, so weit du hineingehen willst, und erkennst, warum etwas dich nicht unterstützt, sondern gefährdet. Weil du jetzt wach bist, erkennst du die Gefährdung viel früher als zuvor, kannst viel früher reagieren und findest dich eben genau deshalb nicht plötzlich in einer Lage wieder, in der du dich erstaunt fragst, wie es nur so weit hatte kommen können.

Besonders wichtig ist es, dass du ab sofort deinen aufgesetzten und falschen Stolz vergisst, denn auch er ist ein Teil der Dornen. Er ist nicht echt, zeigt keine wahrhaftige Würde, sondern er dient der Vermeidung von Schmerz. Wenn du wahrhaftig in der Fülle und Liebe ankommen willst, brauchst du eine klare Rückmeldung über deinen energetischen Ist-Zustand. Wenn du dich aus Stolz oder aufgrund eines aufgesetzten Selbstwertgefühls auf bestimmte Situationen nicht einlässt, obwohl du es eigentlich gern würdest, bleibst du gefangen. Du kannst den inneren Mangel und die Angst, nie dem richtigen Mann für dich zu begegnen, nie in der Fülle der Liebe anzukommen, nur dann überwinden und hinter dir lassen, wenn du durch die Hecke hindurchgehst, dich hindurchfühlst, hindurchsiehst.

Irgendwann kommt dann der Tag, an dem du spürst, dass dir das, was du bei einem Treffen mit einem bestimmten Mann oder in einer bestimmten Situation bekommst, bei weitem nicht mehr reicht. Dann kannst du es loslassen, ohne das Gefühl zu haben, nun wieder in den Mangel zu fallen. Das geht aber erst, wenn dein Bewusstsein über die Fülle des Lebens gewachsen ist und du müde wirst von all dem, was du dir so zumutest. Wenn auch nur ein einziger Teil in dir glaubt, er bräuchte diese oder jene Erfahrung, um sie hinter sich lassen zu können, dann gehe hinein. Du brauchst dabei nicht gut auszusehen, nicht cool zu sein oder die Fassung zu wahren. Du darfst nach außen hin bedürftig wirken, schwach, von mir aus auch einfach verrückt. All deine Freundinnen wundern sich, warum du noch immer nicht kapiert hast, dass dieser oder jener Mann nichts ist für dich, dass du dir immer wieder die gleichen aussuchst, dass du dich immer wieder leer und ausgenutzt fühlst? Mag sein. Du weißt es besser.

Du schaust dir dein eigenes Energiefeld von Mangel und Bedürftigkeit an, das Energiefeld, das du durch strenge Kontrollmaßnahmen so lange versucht hast, in Schach zu halten. Die gesamte Dornenhecke dient zu nichts anderem, als dazu, das gewaltige innere Gefühl von Mangel und Angst zu kontrollieren. Um dich hindurchzuschlagen, musst du es zulassen und wahrhaftig spüren. Du lässt dabei Stück für Stück deiner eigenen Bewertungen los, befreist dich Stück für Stück aus dem Korsett, das du dir selbst angelegt hast, jener unbequemen Hülle aus deiner Scheinpersönlichkeit und den Rollen, die du nach außen spielst und glaubst spielen zu müssen. Dadurch wirst du immer freier, erlaubst dir immer mehr, deinen Wünschen und Bedürfnissen, deinen Impulsen nachzugeben – welche auch immer es sein mögen und welche Figur du auch immer dabei machst. Du lernst dich nun auf eine Weise kennen, die du sicher nicht für möglich gehalten hast, erlangst eine immense innere Freiheit – und genau das ist der Raum, den die Prinzessin braucht, um zur Königin zu werden!

Ich habe neulich in einem Buch geblättert, das beschreibt, wie man den richtigen Mann fürs Leben findet. Ich schlug es auf und las: »Halte dich zurück, rede nicht über Gefühle, zeige dich beim ersten Sex locker und innerlich unabhängig.« Ich hätte es am liebsten in die Ecke geworfen, denn das ist genau eine der Botschaften, die die Dornenhecke nähren und düngen. (Abgesehen davon, dass es sehr leicht ist, sich beim ersten Sex locker und unabhängig zu zeigen, denn dann bist du es auch noch. Das Problem beginnt etwa bei der dritten Verabredung, nicht wahr?) Zeige dich überhaupt nicht irgendwie – SEI ES! Sei du selbst, und wenn du meinst, du musst klammern, dann tu es.

Der Mann, der dich liebt, versteht dich übrigens auch dann und gibt dir Sicherheit, so, wie du das für ihn tun würdest. Du brauchst für ihn nicht erst gut genug, also unabhängig und selbstsicher, zu werden, damit er dich liebt. Also ist es sowieso sinnvoll für dich, einfach du selbst zu sein. Denn wie willst du sonst erkennen, ob er überhaupt in der Lage und bereit ist, auf dich und deine Ängste einzugehen?

Wenn du meinst, du müsstest mit einem Mann, der nur an deinem Körper interessiert ist, ins Bett gehen, dann tu das. Wenn du dich von Liebeskrümeln ernährst und befürchtest, du verhungerst, wenn du sie loslässt, na, dann nimm sie! Aber bewusst. Achtsam. Mit voller Aufmerksamkeit für das, was dadurch in dir geschieht, und mit der vollen Bereitschaft, es zu fühlen. Gehe zu dem Date, schlafe mit ihm, fahre heim, und spüre die Trauer, die Enttäuschung, die Wut und die Scham. SPÜRE SIE. Wenn du zu früh »loslässt« (das ist dann nicht loslassen, sondern der krampfhafte Versuch, deine Impulse zu kontrollieren), vermeidest du nur die Trauer und Leere, die dich irgendwann an den Punkt bringen, an dem du genug hast. Dann, aber erst dann, können die echten Kräfte, die Kräfte des Lebens, die auch in dir angelegt sind und um Fülle und Liebe wissen, die sich nicht mit Krümeln zufriedengeben, weil sie wissen, dass es so viel mehr gibt, in dir das Steuer übernehmen.

Sich der Dornenhecke zu stellen heißt, weder seine Gefühle noch seine Reaktionen, noch seine Wünsche und Bedürfnisse zu kontrollieren. Das ist eine äußerst intensive Zeit, du bist vielleicht völlig damit ausgefüllt, dich selbst zu fühlen. Du fällst beinahe stündlich von einem Gefühl ins andere, gehst von Wut und Zorn über Trauer und Leere bis hin zu unendlicher Liebe und unermesslicher Weite. Deine Energiefelder liefern sich einen verrückten Tanz um die Herrschaft. Weil deine wahre Natur aber Liebe und Fülle, Freiheit und Erfüllung sind, können nur Fülle und Liebe siegen – wenn du den Kampf in dir zulässt. Du tobst, du schwankst zwischen strahlender Hoffnung und absoluter

Hoffnungslosigkeit, ein Anruf kann dir den Tag retten oder verderben. Du lässt all das einfach zu und bleibst wach. Du schaust dem Kampf zu, erlaubst ihm, in dir zu toben, kontrollierst ihn nicht eine Minute lang, sondern lieferst dich ihm völlig aus – während du wach bleibst. (Hier noch mal meine Bitte: Lass dich unterstützen, nimm Bachblüten oder was auch immer dir hilft. Das ist eine wirklich intensive Zeit.)

Ich gebe dir mal ein Beispiel, wie so was aussehen kann:

Vor einigen Jahren habe ich im Internet (acht Prozent aller Paare lernen sich unterdessen über Internet kennen, es ist also durchaus eine Erfolg versprechende Art und Weise, Kontakte zu knüpfen, außerdem der Schnellkurs in Selbsterkenntnis) einen Mann kennengelernt. Nettes Bild, er sah wirklich gut aus, wir haben ein paar Mails hin- und hergeschrieben, er fragte mich schließlich, ob wir uns treffen wollten. Du weißt, ich stehe in Kontakt mit meiner inneren und höheren Führung, ich höre auf meine Schutzengel, und ich achte auf Zeichen. Ich fragte also nach innen, und da war ein »Ja, aber sei wachsam«. Wir verabredeten uns für denselben Abend. Er könne heute kein Auto fahren, meinte er, er habe sich beim Schweißen die Augen verblitzt. O.k., dachte ich, merk dir das, aber das ist noch kein Grund, nicht hinzufahren, aber bleibe wachsam. Ich fragte mich selbst, ob ich überhaupt bereit war, die ganze Strecke (etwa sechzig Kilometer) zu fahren, aber es war in Ordnung. Nun musst du wissen, dass ich natürlich keine Minute daran gezweifelt habe, dass dieser Mann nicht der Mann meines Lebens ist.

Schon beim Chatten waren mir einige Zweifel gekommen, denn er verstand vieles von dem, was ich schrieb, nicht und sah die Welt ziemlich schwarz und weiß. Aber ich lasse mich führen, um Erfahrungen zu machen, und da wartete etwas Wichtiges, das wusste ich.

Der Mann sah wirklich gut aus, einer dieser Typen, an die ich mich früher aus mangelndem Selbstwertgefühl nie herangetraut hätte. Ihm zu begegnen, aber innerlich wach und bei mir zu bleiben, war eine große Herausforderung, die ich unbedingt annehmen musste. Ich entschied mich also dafür, hinzufahren; wir hatten uns auf einem Parkplatz verabredet. Ich gab meiner Freundin seine Adresse und Telefonnummer, und ich bat ausdrücklich um Führung von oben. Er und ich telefonierten, um eine Uhrzeit auszumachen, und ich bat ihn um einen recht frühen Termin, denn ich wollte später noch tanzen gehen. Das sagte ich auch. Er meinte, falls ich ihm gefiele, würde er mich nirgendwo mehr hingehen lassen, und lachte. Ich sagte, ich würde mit Sicherheit heimfahren, ich hätte Katzen, und überhaupt, ich kannte ihn ja gar nicht, er lachte daraufhin nur. Nun gut. Ich merkte mir, dass er meine Grenzen nicht anerkannte, aber noch konnte man alles unter Geplänkel verbuchen.

Als ich mich anzog, lief mir mein Kater Morpheus zwischen die Beine, ich stolperte förmlich über ihn. Er war daraufhin sehr beleidigt, und zog sich zurück wie ein schmollendes Kind; ich rief und lockte ihn, aber er blieb in seiner Ecke. Auch das merkte ich mir, denn er ist normalerweise nie so, er trägt nie etwas nach; außerdem war er mir zwischen die Beine gelaufen, es gab also nicht den geringsten Grund für ihn, sich in einen Schmollwinkel zu verziehen. Er spiegelt mir normalerweise ganz gut das Verhalten der Männer, mit denen ich mich treffe, deshalb merkte ich mir also auch das. Noch immer kein Grund, nicht hinzufahren, aber ich war unterdessen mehr als gespannt, wann und wodurch ich gebremst werden würde. Und dass ich gebremst werden würde, war mir mittlerweile völlig klar.

Ich fuhr also los, stand auf der Autobahn im Stau (!) und bemerkte irgendwann, dass es eine Vollsperrung gab. Das reichte mir immer noch nicht, ich sah es natürlich alles, aber ich wusste noch nicht, warum ich nicht hinfahren sollte, ich wollte es wirklich genau wissen, wollte nicht nur Zeichen bekommen. Ich wollte ganz genau verstehen, warum dieser Mann nicht gut für mich war.

Ich rief ihn also vom Handy aus an und sagte ihm, dass die A3 voll gesperrt sei und ich so viel später käme, dass es sich für heute wirklich nicht mehr lohnen würde. Und dann verstand ich, warum dieser Mann wirklich Gift für mich war: Ob ich mir denn nichts Besseres ausdenken könne, fragte er mich aggressiv, und »danke für den verdorbenen Abend« schickte er noch hinterher. Ich musste wirklich lachen. Und ich wurde wütend. Nicht nur, dass ich es ja immerhin auf mich genommen hatte, diese Strecke zu fahren, er glaubte mir auch einfach nicht. Wie verletzt musste er – besonders sein inneres Kind – wohl sein, wenn er davon ausging, dass ich ihn auf eine so plumpe Weise anlüge? Ich wäre früher in die Rechtfertigung und in Mitgefühl für ihn abgerutscht und hätte Angst bekommen – eine völlig unangemessene Reaktion. Doch diesmal wurde ich echt sauer, obwohl ich sehr klar sah, was geschah. Ich setzte mich zur Wehr: Ob er sie denn noch alle habe, fragte ich ihn, er brauche ja bloß den Verkehrsfunk anzurufen, und für wie bescheuert er mich denn eigentlich halte. Dann legte ich auf. Die SMS, die dann noch hin- und hergeschickt wurden, spiegelten das gleiche Programm, ich spürte sehr deutlich das verletzte Kind. Er war wie mein Kater, saß schmollend in der Ecke, weil sein Spielzeug – ich – nicht so wollte wie er.

Irgendwann schickte er mir den Satz: »Frauen wie dich kenne ich zuhauf, und die mag ich eh nicht.« Abgesehen davon, dass ich sehr sicher bin, dass er nur wenige Frauen wie mich kennt, hörte sich das dermaßen nach »und mit euch spiele ich sowieso nicht mehr« an, dass ich wirklich Mitgefühl mit ihm hatte. Ich schrieb, dass es mir leid tue, wenn er sich durch mich verletzt fühle, sagte aber sonst nichts dazu, weder rechtfertigte ich mich noch nahm ich den Fehdehandschuh auf. Ich hatte dann sogar noch eine E-Mail im Briefkasten, in der stand, dass ich ihm sowieso nicht wirklich gefalle. Nun ja. Segen sei mit ihm. (Das meine ich ernst, ich segne ihn für die Erfahrung, die ich durch ihn machen durfte, und ich segne sein inneres Kind.)

Trotzdem muss ich zugeben, dass mein eigenes inneres Kind ziemlich geschockt war, denn der Angriff kam doch überraschend. Aber ich hatte es ja wissen wollen. (Damals wusste ich noch nichts über den Zaubergarten, siehe »Die Heilung des inneren Kindes«, Schirner Verlag, Darmstadt 2010. Heute würde ich mein inneres Kind erst gar nicht mitfahren lassen.) Verstehst du, es reicht mir nicht, irgendeine unbestimmte Warnung zu bekommen, ich will genau sehen und wissen, warum etwas nicht gut ist für mich. Wenn du dich auf eine solche Geschichte einlässt, dann bitte nicht, ohne vorher »Mut zur Angst« gelesen zu haben (siehe Anhang) und sicher zu sein, dass du sofort auf unmissverständliche innere Signale reagierst.

Und bringe dein inneres Kind in einen sicheren inneren Raum.

Wozu diente das nun? Zum einen weiß ich jetzt, ich kann mich vollkommen auf meine innere Führung verlassen, und ich kann mich auch darauf verlassen, dass ich ihr zuhöre. Zum anderen habe ich gelernt, dass mein inneres Gefühl stimmte, aber ich brauchte den Beweis, nicht nur so ein nebulöses Gefühl, ich wollte genau wissen, was nicht stimmte, das ist einfach meine Art.

Vor allem aber habe ich dabei etwas über mich gelernt, einen Teil der Dornenhecke gezeigt bekommen: nämlich eine Stelle, die nicht mehr so dicht ist wie noch vor ein paar Jahren! Ich habe mich getraut hinzufahren, weil ich es wollte (obwohl er so gut aussah und ich Angst hatte, nicht gut genug für ihn zu sein). Ich war wütend, und ich habe es gezeigt. Ich bin nicht auf seine Argumente eingestiegen, habe den Kontakt abgebrochen und mich vollkommen führen lassen. Ich habe es sogar hingekriegt, nicht allzu sehr an mir zu zweifeln, nachdem er mir den letzten Köder hingeworfen hatte. Ich habe nicht besonders lange darüber nachgedacht, warum ich ihm denn bitte nicht gefalle, sondern es nach zwei, drei Minuten einfach innerlich abgehakt. Und das ist wirklich eine Leistung!

Natürlich hat mir das Erforschen der Dornenhecke auch schon wunderschöne Abende beschert. Doch vor allem hat es mir all das über mich gezeigt, was ich geahnt habe, aber nicht wahrhaben und zulassen wollte. All die alten Verletzungen und meine oft unangemessenen Reaktionen waren und sind hier gespeichert. Und darum geht es bei diesem Schlüssel. Du musst dich nicht durch die Dornen hindurchkämpfen. Lerne sie einfach nur kennen, so lange, bis dieses innere Toben und der innere Druck vorbei sind. Dann verschwinden sie von allein.

Denn eines Tages ... eines Tages wachst du morgens auf, und alles ist anders. Eines Tages schaust du in den Spiegel und weißt, du hast die innere Erlaubnis und Freiheit erlangt, alles zu tun, was du willst – aber du willst es nicht mehr. Die hundert Jahre sind vorbei, in denen du dich scheinbar vergeblich durch die Hecke hast schlagen müssen.

Du spürst auf einmal, dass du von nun an nur noch tun willst, was sich von ganz innen heraus richtig anfühlt, dass du nur noch dahin gehen willst, wohin dich dein Herz führt, und alles andere letztlich langweilig ist. Das kannst du nicht bewusst erreichen, das ist ein Prozess, der seine Zeit braucht, der aber nur dann stattfindet, wenn du dich dir selbst ganz hingibst. Nur wenn du dich deinen Gefühlen, deinen Wünschen und Bedürfnissen ungeschminkt stellst, wenn du alles in dir leben lässt, egal, wie minderwertig, anstrengend, unangemessen, schmerzlich oder auch verrückt es dir vorkommt, kann der innere Kampf gewonnen werden, kann das Licht zu wirken beginnen. Nur dann kommst du durch die Dornenhecke hindurch in den inneren Raum, in dem auf einmal Licht, Klarheit und Weite herrschen, in dem du bereit bist, dich führen zu lassen, nicht mehr zu suchen, nicht mehr zu kämpfen, sondern wahrhaft loszulassen, dich allem zu stellen, was der Tag dir bringt, aber nichts mehr hinzuzufügen.

Das, liebste Seelenfreundin, kann sich sehr erleichternd anfühlen, aber vielleicht auch ein bisschen leer. Du spürst jetzt, wie müde du tatsächlich bist, wie sehr du dich angestrengt hast, und bist nicht mehr bereit, irgend etwas zu tun, um den richtigen Mann doch noch zu treffen. Du kapitulierst auf einer noch tieferen Ebene, du erkennst, dass du »ihn« nicht in dein Leben ziehen kannst, egal, wie sehr du dich auch bemühst. (Denn seien wir ehrlich, wer interessiert sich denn in Wahrheit für die Prinzessin? Wir tun das doch alles nur, um letztlich doch Mr. Right zu treffen, und das darf auch so sein.)

Jetzt erlaubst du, dass er dich trifft, wenn es das Leben für dich vorsieht, aber nur dann. Alles andere fühlt sich nur noch schwer an. Du willst lieber allein bleiben, als diesen Kampf noch weiter zu kämpfen. Du gibst auf, kapitulierst, erkennst, dass du die Dornenhecke nicht durchschlagen kannst. Sie wächst immer wieder neu, so scheint es. Und weißt du, warum? Weil es um das Durchschlagen ging, nicht darum, tatsächlich anzukommen. Du hast gelernt, dein Schwert der Klarheit zu gebrauchen und deinen inneren Impulsen ungeschminkt zu folgen. Und immer wieder musstest du erkennen, dass du scheiterst. Du hast sicher sehr oft das Gefühl gehabt, zu versagen und niemals anzukommen, oder? Auf diese Weise hast du das Kapitulieren vor dir selbst gelernt, das Hingeben an eine innere Führung, das Loslassen von Ideen und Zielen, die Demut vor dem Leben und deinem Seelenplan, während du dich deiner inneren Dornenhecke gestellt hast.

Jetzt kann ich es dir ja sagen, falls du dich nicht sowieso daran erinnerst: Im Märchen bleiben die Prinzen in der Dornenhecke stecken, sie schaffen es nicht, sich hindurchzuschlagen, solange die hundert prophezeiten Jahre des Schlafes nicht vorüber sind! Gemein, oder? Wenn du das gewußt hättest, hättest du es dann überhaupt versucht? Nein, sicher nicht, oder? Die Prinzen hatten alle keine Chance. Solange die hundert Jahre nicht vorbei waren, gab die Dornenhecke keinen Zentimeter Raum, sie wuchs immer wieder nach.

Nun, genau so ist es auch hier. Und genau darum geht es auch. Denn was haben all die Prinzen, die im Märchen in der Dornenhecke hängen geblieben sind, gemeinsam, was haben sie gelernt? Wichtige Fragen, die das Märchen nicht beantwortet, sind, ob die Prinzen eigentlich den genauen Wortlaut des Fluches der dreizehnten Fee kannten. Ob sie also wussten, dass der Bann hundert Jahre anhält. Ob sie ahnten, dass sie sich aufmachten, gegen einen hochwirksamen Zauber zu kämpfen. Und fast noch wichtiger wäre es, zu wissen, ob sie es dennoch versucht hätten, obwohl sie keine Chance hatten.

Denn das ist es, was all diese Prinzen lernen mussten: dass sie es aus eigener Kraft nicht schaffen konnten. Obwohl sie alles versuchten, obwohl sie alle die besten Absichten hatten, konnten sie die Dornenhecke nicht durchdringen, egal, wie scharf, klar und wie gesegnet ihr Schwert auch war. Erst als die Zeit reif war, wichen die Dornen und gaben den Weg frei, wurden zu blühenden Rosen. Zum richtigen Zeitpunkt konnte der Prinz schlicht hindurchschreiten, ganz ohne Schwert, einfach so. Was soll das? fragst du dich jetzt sicher, vielleicht ahnst du aber auch bereits, um welche neue Qualität es geht.

Es geht um Hingabe an den Prozess selbst. Um Demut. Um das Aufgeben künstlicher Ideen und Vorstellungen. Und um das völlige Loslassen alter Konzepte über Richtig und Falsch. Dieser Schlüssel trainiert den Prinzen, sich hinzugeben, er schleift den inneren Mann, damit er bereit wird, den inneren Impulsen der Prinzessin – und nur diesen – wahrhaftig und bereitwillig zu dienen.

Übungen zum vierten Schlüssel

 MEDITATION: LICHT IN DEN EMOTIONALKÖRPER ATMEN

BEI DIESEM Schlüssel geht es darum, deinen Emotionalkörper kennenzulernen und dich ihm ohne Kontrollversuche hinzugeben. Du kannst deine Gefühle nicht mit deinem Verstand kontrollieren, der Verstand hat keinen Einfluss auf den emotionalen Teil deiner selbst. Dein Emotionalkörper ist ein eigenständiges Wesen, das nur durch die Anbindung an eine höhere Kraft, an die Kraft der Liebe, erlöst und auf eine höhere Schwingung gebracht werden kann. Du bist in der Lage, deine körperlichen Reaktionen auf deine Gefühle mit dem Verstand zu kontrollieren, du kannst die Tränen unterdrücken oder bewusst weiteratmen. Aber deine Gefühle selbst werden nur dann erlöst und frei, wenn wir die Oktave der Liebe hineinfließen lassen, und dazu gehört zunächst, alles zuzulassen, was in dir lebt.

STELLE DIR bitte vor, du könntest das reine, weiße Licht der Liebe einatmen, es durch dein Kronenchakra hindurch in deinen Körper fließen lassen. Atme es bis in deinen Bauch hinein, bis in den Solarplexus. Hier ist der Emotionalkörper verankert, und hier lässt du bitte das weiße Licht einströmen. Erlaube dem weißen Licht nun, in den Emotionalkörper zu fließen. Stelle ihn dir als eigenes Wesen vor, das erfüllt wird von reinem Licht, von reiner Liebe.
Tu das bitte immer wieder, und zwar jedes Mal, wenn du das Gefühl hast, unruhig zu werden, wenn du Angst bekommst oder wenn du Schmerz spürst.

SCHREIBE BITTE jeden Tag auf, was du erlebt hast, und stelle dir selbst die Fragen: Wozu dient das? Was wurde in mir berührt? Welcher Teil meines Gefühlskörpers wurde angeregt? Lass immer wieder weißes Licht in dich hineinfließen, und folge all deinen Impulsen. Tu einfach, was du willst, lass dich von innen heraus führen. Du brauchst nicht darauf zu achten, dass du alles richtig machst. Lass dich von deinen Bedürfnissen anleiten, kontrolliere sie bitte nicht auf die Weise, die du sonst anwendest.

 ÜBUNG: BETEN

BEI DIESEM Schlüssel ist es eine gute Idee, zu beten. Den Emotionalkörper können wir nur auf eine andere Frequenz heben, wenn wir diese in unser Leben bitten, wir können sie nicht selbst erzeugen. Zu beten bedeutet, sich zu öffnen, bereit zu sein, neue Energien in sein System hineinfließen zu lassen. Beten schenkt dir die Bereitschaft, Raum zu geben für vollkommen neue Erfahrungen und Melodien in deinem Inneren. So bitte darum, angehoben zu werden. Chris Griscom schreibt in ihrem Buch »Die Frequenz der Ekstase« (das ich dir sehr empfehle):

»DER EINZIGE Teil in uns, der unseren Emotionalkörper ändern kann, ist unser spiritueller Körper oder unser Höheres Selbst, das weder Selbstbeurteilung noch negative Gefühle kennt. Wenn es uns gelingt, in diese spirituelle Energie einzutauchen, dann haben wir Zugang zu jener Energie, die viele Dimensionen durchdringt. Wenn wir imstande sind, diese Frequenz in uns aufzunehmen, dann findet eine Wandlung in uns statt. Wir hören auf, jene Strahlung abzugeben, die sagt: Nimm mich in die Arme, aber komm mir nicht zu nahe. Liebe mich, aber liebe mich nicht. Ich verdiene es nicht.«

ATME ALSO das weiße Licht deines Höheren Selbst in dich ein. Du brauchst dazu nichts zu verstehen, tu es einfach. Die echten Wandlungen, die zutiefst mystischen, alchemistischen Prozesse in uns laufen ab, ohne dass wir sie verstehen müssen und manchmal sogar, ohne dass wir sie verstehen können. Das ist sinnvoll, damit wir nicht wieder anfangen, etwas zu kontrollieren oder auf die mentale Ebene zu ziehen, was da wirklich nichts verloren hat. Vielleicht bekommst du den inneren Prozess bewusst mit, wenn du geübt bist, innere Prozesse wahrzunehmen, aber du brauchst ihn nicht zu verstehen, damit er funktioniert. Beten wirkt wie ein homöopathisches Mittel, es gibt dir die Informationen und Energien ins System, die du brauchst, um den nächsten Schritt in dein Herz zu gehen.

 ## DATING-CHECKLISTE

ZU DIESEM Schlüssel stelle ich dir keine Fragen, sondern gebe dir eine Checkliste an die Hand. Schreibe bitte nach jedem Treffen auf, was in dir berührt wurde, wie du dich fühlst. Sei sehr bewusst, und nimm Leere und Mangel wahr, wenn sie sich bemerkbar machen. Erkenne bitte, wie viel du zu geben bereit bist, um wenigstens ein klein wenig Aufmerksamkeit zu bekommen.

- Hatte ich eigentlich Spaß mit diesem Mann?
- Wie habe ich mich gefühlt? Habe ich mich überhaupt gefühlt, oder war ich in Gedanken nur bei ihm?
- Wenn ich mich unwohl gefühlt habe, habe ich mir erlaubt, es, wenn schon nicht zu zeigen, so doch zumindest wahrzunehmen?
- Konnte ich mich selbst spüren, oder habe ich die Tricks angewendet, die ich kenne, seien sie nun erfolgreich oder nicht?

♛ Habe ich wirklich gesagt, was ich denke, oder habe ich gesagt, was er hören wollte, damit er sich gut fühlt?

♛ Falls ich körperlichen Kontakt mit ihm hatte: Wollte ich es wirklich, oder gehörte es irgendwie einfach stillschweigend dazu? Und: Fühlte es sich gut an? Habe ich bekommen, was ich brauchte, und nur gegeben, was ich gern geben wollte?

♛ Habe ich das Treffen zur richtigen Zeit beendet, oder zog es sich in die Länge, obwohl ich mich gelangweilt habe?

♛ Konnte ich mir erlauben, zuzugeben, dass dieser Mann vielleicht nicht der richtige für mich ist?

♛ Ist er überhaupt frei, oder gibt es da eine andere Frau?

WENN DU einfach nur einen tollen Abend hattest, dann herzlichen Glückwunsch! Schreibe bitte auf, warum er so toll war, und halte vor allem fest, was du dazu beigetragen hast. Erkenne die Fülle, die sich dir bereits zeigt ... Vielleicht konntest du gut bei dir bleiben, oder es hat einfach alles gepaßt. All das sind Informationen des Universums über deinen eigenen Energiezustand!

Der fünfte Schlüssel

Unsere größten Ängste sind die Drachen,
die unsere tiefsten Schätze *bewahren.*

Dieses endgültig freie Jasagen zur Welt
rückt das Herz auf eine andere Ebene des *Erlebens.*

RAINER MARIA RILKE (1875–1926),
ÖSTERREICHISCHER SCHRIFTSTELLER UND LYRIKER

Der fünfte Schlüssel

Eros, Philia und Agape: Wir betreten das Schloss, den Raum unseres Herzens, und lernen die Kräfte kennen, die hier wirken – die emotionale Liebe (im Gegensatz zur spirituellen).

Wenn du müde und zerschlagen bist, die Dornenhecke kein Ende nimmt und du die Nase wirklich voll hast von all den Anstrengungen; wenn du bereit bist, nicht mehr selbst etwas in die Wege zu leiten, sondern dich führen zu lassen, selbst wenn du nicht weißt, wer oder was dich überhaupt führen soll; wenn du einfach so müde bist, dass du Sätze sagst wie »Ich lass jetzt einfach mal alles auf mich zukommen« oder »Mir fällt jetzt auch nichts mehr ein«, dann, ja dann sind die hundert Jahre vorbei. Die Dornenhecke öffnet sich, du bekommst Zugang zum Schloss, und auf einmal betrittst du einen inneren Raum, in dem du ruhig wirst. Der Kampf ist endgültig vorüber, du bist bei der schlafenden Prinzessin angekommen.

Es mag dir vorkommen wie ein unverhofftes Geschenk, denn die Dornenhecke öffnet sich ganz unvermutet und ganz von allein. Aber es waren dein innerer und dein äußerer Kampf, die die »hundert« Jahre gedauert haben. Doch du hast alles gegeben, hast dich auf jede noch so absurde Erfahrung eingelassen, hast dir deine Dornen angeschaut, bis du auch ihr kleinstes Detail wahrgenommen hattest. Hierher zu kommen hat länger gedauert, als du angenommen hattest. Du hast mehr gesehen, als du sehen wolltest, mehr erhalten, als du bestellt hast.

Dieser Schlüssel bringt die zweite Kapitulation. Bei der ersten hast du erkannt, dass du deine süchtige Suche nach dem richtigen Mann nicht aufgeben oder verhindern kannst, weil sie einen wichtigen Sinn erfüllt. Mit diesem Schlüssel in der Hand erkennst du, dass dein Weg dich scheinbar ins Nichts geführt hat. Die Prinzessin liegt da und schläft, und du bist ratlos. Zu ihr zu gehen und sie wachzuküssen scheint dir vollkommen unmöglich zu sein, und letztlich willst du noch immer, dass einfach endlich der richtige Mann in dein Leben tritt. Du hast die Dornenhecke durchdrungen und bemerkst auf einmal, dass du noch immer nichts anderes willst, als endlich den Mann zu treffen, der dich erlöst. Es ist, als wäre nichts geschehen, als wärst du nun zwar innerhalb des Schlosses, aber deine Aufmerksamkeit irrt noch immer – oder wieder – zwischen all den Männern hin und her, die dir auf deinem Weg begegnet sind oder von denen du hoffst, dass sie dir noch begegnen. Du sagst vielleicht: »Jetzt hab ich doch alles getan, warum kommt er denn nicht endlich?«, und meinst damit: »Wo bleibt meine Belohnung für die harte Arbeit an der Selbsterkenntnis?«

Dieser Schlüssel kündigt einen Systemwechsel an. Und du bist bereits mittendrin. Du hast dich mit dir selbst beschäftigt, aber eben genau das: Du warst beschäftigt, hattest zu tun, zu erkennen, zu fühlen, hast die Kontrolle über die Dinge gehabt, hast agiert. Mit diesem Schlüssel nun beginnt der Prinz, sich der Prinzessin zuzuwenden, und das kann ein äußerst schmerzlicher Akt sein, auch wenn es sich so wunderbar anhört. Denn dabei gibt er seine Eigenständigkeit auf, wird ihr Diener, und das, nachdem er all die Jahre hindurch seinen eigenen Weg gegangen ist. Sosehr sich der Prinz auch gewünscht hat, endlich die Prinzessin kennenzulernen, so sehr spürt er nun, dass er ohne sie im Außen nichts bewegen kann. In aller Deutlichkeit spürt er seine Ohnmacht, das Leben ohne sie schöpferisch und kreativ, erfüllt und voller Liebe zu gestalten. Noch schläft sie, er weiß noch nicht, wie es sich anfühlt, ihr zu dienen.

Dieser Schlüssel lässt dich die Angst spüren, die dich ergreift, wenn du dich wirklich hingeben, die Kontrolle mehr und mehr loslassen, dich tatsächlich deiner weiblichen Seite öffnen und dich ihr verpflichten sollst. Denn woher weißt du, was sie mit dir vorhat? Woher weißt du, dass sie in der Lage ist, all das in dein Leben zu weben, was dich erfüllt? Wie kannst du dich einer Kraft hingeben, einer schlafenden Prinzessin vertrauen, von der du nicht einmal weißt, wie sie aussieht, geschweige denn, wie sich ihre Anwesenheit in dir anfühlt? Du weißt, dass sie nur aufwacht, wenn du sie küsst, wenn du also tatsächlich bereit bist, ihr zu dienen. Du kannst sie nicht wachrütteln und dann erst entscheiden, ob du sie als stabile Energie in deinem Leben haben willst.

Es kann sein, dass du zunächst einmal all die Leere spürst, die du versucht hast zu füllen durch die Suche nach dem Richtigen, dass all die Gründe zutage treten, aus denen heraus du deinen Mann suchst. Wenn der Prinz im Schloss angekommen ist, dann erkennst du, dass er keine Macht hat. Er kann nichts, aber auch gar nichts in dein Leben holen. Er hat es nicht einmal geschafft, die Dornenhecke zu überwinden; er kam nur hindurch, weil die Zeit reif war. Es war ein Geschenk des Lebens, nichts, was du beeinflussen oder gar herbeiziehen konntest. Und so sitzt du vielleicht an einem Samstagnachmittag traurig und leer am Computer, klickst dich lustlos durch deine Chat-Räume, starrst auf das Telefon, bist müde, mutlos – und spürst, dass du Liebe, wahre erfüllte Liebe, auf diese Weise niemals bekommen wirst. Niemals. Sie scheint genau so weit weg zu sein wie noch vor Monaten, aber jetzt hast du auch noch die Illusion verloren, du könntest sie finden, wenn du dich nur genug anstrengst. Denn du hast dich so sehr angestrengt, wie es nur möglich war.

Das ist ziemlich schlimm, denn jetzt fällt dir gar nichts mehr ein. Jetzt spürst du all die Ablehnung, die du erlitten hast, all die Trauer um die Männer, die du lieben wolltest, die dich zurückwiesen – und all die Trauer um die Männer, die dich lieben wollten, die aber von dir abgewiesen wurden, weil sie nicht zu dir passten. Du hast die Dornenhecke erkannt; du weißt jetzt um die Seiten in dir, die aufgesetzt waren; du kennst die Masken und kannst sie zum großen Teil in der Schublade lassen. Du hast gelernt, zu sein, wie du bist, dich zu zeigen, wie du dich fühlst, auch wenn es nicht dem entspricht, wie du gern wärst. Schön und gut – doch hat dich das deinem eigentlichen, ursprünglichen Ziel, nämlich in erfüllter Liebe zu leben, auch nur einen einzigen Schritt nähergebracht? Im Augenblick sieht es aus, als wäre die Antwort auf diese Frage ein Nein.

Du bist nun du selbst. Wunderbar. Nutzt es dir etwas? Nein. Du spürst dich vielleicht selbst ein bisschen mehr, aber seien wir doch einmal ehrlich: Wer will das schon? Was also soll das alles? Wozu führe ich dich durch diese Schritte, überreiche dir einen Schlüssel nach dem anderen? Wie kann ich es wagen, dich in diesen inneren Raum von Leere und Hoffnungslosigkeit zu schicken?

Ich bin bei dir. Schaue dich um: Wir sind in einem Raum angelangt, der in deinem Herzen liegt. Wir sind in dem Turm, in dem die Prinzessin schläft. Und die möchte ich dir jetzt vorstellen, damit du weißt, welche Kraft hier schlummert. Dazu lasse ich Dornröschen selbst zu Wort kommen, die schöne innere Prinzessin, die uns alle verbindet und in jeder von uns ähnlich lebt und wirkt, auch wenn sie nach außen hin vielleicht vollkommen unterschiedlich aussehen mag:

Ich tanze, und ich webe. Ich spinne deinen Lebensfaden aus all den Möglichkeiten, aus all den Wünschen, Träumen, Hoffnungen, die das Leben dir schenkt und bietet, die in dir leben und die verwirklicht werden wollen. Ich diene der göttlichen Kraft und dem Leben selbst; ich bin verbunden mit dem Schöpferplan. Ich bin unendliche Weite; ich bin allumfassend; ich verbinde alle Kräfte des Universums zum kostbaren Gespinst deines Lebens. Ich bin die Liebe zum Leben, die Liebe zur Schöpfung. Ich bin all deine erfüllten Träume; ich bin alles, was du dir je gewünscht hast. Meine Spindel verbindet all die verschiedenen Energien und Kräfte zu einem stabilen Faden, aus dem ich dein Leben webe.

Ich ziehe die Liebe und die Lebenskraft aus dem Kosmos zu mir herab, greife nach den Sternen und flechte sie in dein Leben. Ich kenne dich und deine Wünsche bis ins Innerste; und ich verbinde all die losen Enden zu dem Strang, der deine Nabelschnur zu Gott und zur Erde zugleich ist. Ich winde die Silberschnur, die dich mit deinem Seelenplan und deine unermesslich liebevolle und an die reine Schöpferkraft angeschlossene Seele mit dir, dem Menschen, der das liest, verbindet. Ich spinne den Faden, der Himmel und Erde untrennbar in dir verknüpft. Ich hole dir die Sterne vom Himmel; ich beschere dir den Himmel auf Erden; ich webe, und ich tanze. Ich greife in die Schatzkammer aller Sonnen und Planeten, um die Kräfte zu verbinden, die dein Leben mit Liebe erfüllen. Ich bekomme Informationen und Visionen aus allen Ebenen aller geistigen Welten; ich habe Zugang zu allem, was im Universum lebt und je leben wird. Ich bin angebunden an die Liebe Gottes zu seiner eigenen Schöpfung; ich lache mit Engeln, tanze mit den Sonnenstrahlen, schwebe durch die Wolken und singe mit dem Mondlicht.

Wenn du dich mir hingibst, mir voll und ganz dienst, wie ich der Schöpfung diene; wenn du mir all deine Hoffnungen, Träume und Wünsche schenkst; wenn du im Außen das verwirklichst, was ich dir auftrage; wenn du mir erlaubst, durch dich in der Welt zu wirken – dann wirst du ganz, dann erfüllen sich dein Leben und dein Seelenplan, dann wird dein Leben erfüllt und entfaltet sich in voller Schönheit.

Wenn also der Prinz, dein eigener innerer Mann, dem weiblichen Anteil in dir dient, und das – und nur das – nach außen zeigt und verwirklicht, was dieser ihm durch deine innere Stimme aufträgt, dann kann deine göttliche Führung dafür sorgen, dass du zu allem geführt wirst, was dich erfüllt. Ist das nicht toll?

Ja, sagst du vielleicht. Danke fürs Gespräch. Weiß ich längst. Und wo ist jetzt mein Mann? – Warte.

Was genau willst du denn in den Augen der Männer erkennen? Du erinnerst dich, sie spiegeln dir in unerlöstem Zustand der süchtigen Suche deinen eigenen inneren weiblichen Anteil, das schlafende Dornröschen. Also: Was genau soll er dir zeigen? Deine Magie – weil seine Augen leuchten, wenn er dich sieht? Deine sexuelle Anziehungskraft, die magnetische Wirkung, die du auf ihn ausübst, die bedingungslose Kapitulation vor deinem weiblichen, hingebungsvollen Zauber? Willst du seine starken Arme und seine Aufmerksamkeit, seinen Schutz, weil dir das zeigt, für wie beschützenswert – für wie wertvoll also – er dich hält? Je mehr du den Beschützer in ihm wecken kannst, desto wertvoller fühlst du dich, denn offensichtlich gibt es etwas in dir, das es wert ist, geschützt zu werden, und er scheint es zu sehen ... Ist es das?

All das, was dir jeder äußere Mann spiegeln soll, ist Dornröschen-Kraft! Wenn du sie in dir spürst, wenn du sie in dir wahrnimmst – dann brauchst du keinen Mann mehr, der dir das zeigt, dann weißt und spürst du es selbst! Sobald er nicht mehr einfach nur ein Spiegel für dich selbst sein soll, bist du in der Lage, herauszufinden, was mit diesem Mann noch so alles möglich ist.

Was aber ist das für ein Raum, das Schloss? Es ist dein Herz. Dein fühlendes, schlagendes, lebendiges Herz, das sich so sehr verschlossen hat, damit es nie wieder, wirklich nie wieder diese Schmerzen fühlen muss.

Erinnerst du dich, warum Dornröschen eingeschlafen ist? Sie hat sich an einer Spindel gestochen. Was bedeutet das in unserem Bild, in dem Bild, in dem die Prinzessin deine Wünsche und Träume, dein tiefstes Sehnen und deinen Seelenplan miteinander verwebt? Sie sticht sich, Blut fließt, sie schläft ein. Ganz einfach übersetzt: Du verliebst dich, erlebst eine schmerzvolle Enttäuschung, dein Herz verschließt sich. Ich bin sicher, du erkennst, was das bedeutet, wie tief dieser Stich geht, wie grundsätzlich er ist.

Sie schläft ein und mit ihr der ganze Hofstaat, sogar die Fliegen an der Wand – du erinnerst dich. Mit dem Verschließen deines Herzens verschließt du dich vor allem, was die Prinzessin ausmacht: deinem Fühlen, deiner Art zu lieben, deiner weiblichen Seite, deiner Zartheit, vielleicht sogar deinem Vertrauen in das Leben selbst. Es lässt sich nicht verhindern, dass das geschieht, aber nun sind wir vielleicht stabil genug, dass wir unser Herz wieder öffnen können. Wenn Dornröschen in deinem Leben wirken darf, wenn sie unseren Lebensfaden weben soll, dann braucht sie den Raum unseres Herzens – und zwar das ganze Schloss, denn hier lebt sie. Was das bedeutet, will ich dir in einem Beispiel zeigen, das dir vielleicht ein bisschen merkwürdig vorkommt, aber du wirst dadurch klarer sehen, was ich meine:

Vor ein paar Tagen war ich in München. Ich schaute im Internet, was gerade so los war, und entdeckte, dass Siw Malmkvist, Gitte Haenning und Wencke Myhre eine Show gaben. Nun ist das mit Sicherheit nicht die Musik, die ich normalerweise höre, aber meine Mutter hörte sie, als ich noch klein war. Mein inneres Kind liebt diese Musik deshalb sehr, es fühlt sich darin aufgehoben und geborgen.

Ich ging also hin. Da standen nun diese drei Frauen auf der Bühne, alle Ende fünfzig und darüber, und sangen von Liebe, Sehnsucht, Glück und vom Leben. Ich kannte alle Lieder, und ich habe nur geweint. (Ich glaube, ich bin die einzige Frau, die bei Liedern wie »Er hat ein knallrotes Gummiboot« Tränen in die Augen kriegt ...) Sie erinnerten mich an meine Kindheit und an die Geborgenheit, die ich bei meiner Mutter erlebt habe, aber es ging noch sehr viel tiefer.

Da standen drei Frauen, die leben, lieben, sich dem rauen Wind des Showbusiness aussetzen und wissen, wie es ist, enttäuscht zu werden und am Boden zu sein, die wissen, wie man wieder aufsteht, wie man weitermacht und sich nicht unterkriegen lässt, ohne dabei zu verhärten. Ihre Augen blitzten, sie zeigten Gefühle, sie lachten und waren nachdenklich und ungekünstelt – zumindest erlebte ich es so. Ich saß in der zweiten Reihe, spürte ihr Energiefeld, und es fühlte sich echt an. Das sind wahre Vorbilder für mich: Frauen, die ihr Leben wahrhaftig leben, die sich trauen, wirklich zu lieben, die sich zeigen, die den Mut haben, immer wieder ihr Herz zu öffnen. Und wenn es nur Show war, so nehme ich das, was sie mir gezeigt haben, dennoch als Vorbild.

Wenn du dein Herz offenhältst; wenn du dich traust, dich auf das Leben einzulassen, zu lieben, egal, wie schmerzhaft es sein kann (ja, »wenn es weh tut, ist es keine Liebe«, lieber Chuck Spezzano, das stimmt ... aber wenn wir wahrhaftig lieben, lieben wir nun mal nicht wie Engel, sondern wie Menschen), dich dem zu stellen, was das Leben dir bringt, und deinem Herzen zu folgen – dann kannst du nicht anders, als lebendig und jung zu sein, egal, wie alt du bist.

Diese Frauen stehen für mich für gelebte Liebe, für Lebendigkeit, für echte Kraft, und sie haben mich sehr beeindruckt. Wäre mein Herz nicht offen gewesen und liefe ich noch mit meiner Dornenhecke durch die Welt, dann hätte ich einen netten Abend erlebt, hätte ein paar angenehme Erinnerungen, hätte ein bisschen gelacht. Aber ich hätte nicht das Leben erkannt, das sich mir dort zeigte, die Liebe, den Mut und die Kraft, mit der sie alle ihrem Herzen folgen, egal, wie ihr Leben nun im Einzelnen aussieht.

Und selbst wenn all das nicht stimmt, selbst wenn das alles nur Show war, so habe ich doch für mich entschieden, dass ich dem Leben und der Liebe erlaube, mich mitzureißen, wohin auch immer sie mich tragen. Ich habe beschlossen, mich nicht zu verschließen, nicht aus Angst vor Schmerzen in rosaroten spirituellen Welten herumzugeistern, um ja nicht fühlen zu müssen. Hier im Herzen, im Raum der inneren Prinzessin, findet das Leben statt. Und zwar das Leben auf der Erde. Es gibt so viele wunderbare Bücher über die Liebe, und alle haben wichtige Botschaften darüber, wie man sich öffnet, aus dem Herzen heraus lebt, wie man auf die innere Stimme hört und wahre Liebe verwirklicht. Ich habe selbst zu dem Thema geschrieben, und ich meine jedes Wort so, wie ich es weitergegeben habe. Sie zeigen aber nur die eine Seite. Sie zeigen dir Agape, die geistig-seelische Dimension von Liebe, die ihrem Wesen nach eher überirdisch und unpersönlich ist. Agape ist die Liebe zu Gott, die feinstofflichste Form der Liebe, die überirdische, an nichts gebundene innere Haltung von Liebe. Damit sind wir vertraut, nicht wahr? Sie zeigen außerdem Philia, die seelisch-geistige Freundschaft, die höchste Form der menschlichen Beziehungen, in denen es um Vertrauen und tiefe Seelenverwandtschaft geht. In der Form der Philia ist Liebe nicht an Geschlechter oder Beziehungsformen gebunden, sie ist grundsätzlich und konstant, das, was wir als »wahre Liebe« bezeichnen, egal, ob diese Liebe in einer Freundschaft oder in einer Liebesbeziehung wirkt. Du kennst Nenas Text: »Liebe fragt nicht, Liebe kämpft nicht, Liebe ist.« Diese Form der Liebe ist die Basis aller tragfähigen Beziehungen. Sie bildet die Voraussetzung für wirkliches Vertrauen und echtes gemeinsames Wachstum, denn sie stellt die Beziehung an sich niemals in Frage.

Diese Bücher sprechen aber nicht über Eros, die persönliche, sinnliche und leidenschaftliche Liebe. Sie zeigen nicht, wie weh Liebe tun kann, wie sehr du dich auslieferst, wenn du liebst, wie absolut und total du die Kontrolle aufgibst, wenn du dich tatsächlich der irdischen Liebe zwischen Mann und Frau hingibst. Liebe kämpft nicht ... nun, Agape und Philia kämpfen nicht, Eros hingegen kämpft durchaus, und deshalb vermeiden wir ihn lieber, nicht wahr?

Du kannst dir erfüllte Liebe wünschen, und du kannst Dornröschen bitten, sie in dein Leben zu weben. Aber wenn du wahrhaft erfüllte Liebe meinst, dann darf Eros nicht fehlen – und du weißt nie, ob du nicht verletzt wirst, ob du nicht verlassen wirst. Ebenso wenig weißt du, ob der andere nicht stirbt oder einfach eines Tages aufhört, dich zu lieben. Sich auf Liebe einzulassen, auf Eros, Agape und Philia, dich mit jeder Faser deines Herzens, deines Seins, mit allem, was du bist, hinzugeben, ist so beängstigend und grundsätzlich, dass es ein Wunder ist, wie jemand überhaupt auf die Idee kommt, das zu tun. Mit diesem Schlüssel wirst du bereit, die Kontrolle aufzugeben und dich der Liebe, deiner eigenen Sehnsucht nach Liebe, hinzugeben, ohne Netz und doppelten Boden – in dem Wissen und in der Erinnerung, wie niederschmetternd und schmerzhaft es sein kann, sich so auszuliefern.

Wir, die wir uns mit spirituellen Themen beschäftigen, sind ganz großartig darin, Seelenverwandtschaften zu pflegen, unpersönlich zu lieben und die geistig-seelischen Dimensionen einer Beziehung zu erkennen. Das sind wundervolle Eigenschaften, und jede Beziehung braucht diesen Anteil, sonst bleibt sie leer, und du wirst zum Spielball von Leidenschaft und von sexuellen Launen. Aber wir vergessen so gern, dass wir uns auch Eros stellen müssen, der sinnlichen Liebe zwischen Mann und Frau, einfach deshalb, weil es ein wichtiger Teil des Dreigestirns »Liebe« ist, ein wichtiger Teil unserer Herzensbildung. Eros ist die irdischste Form der Liebe. Wir kommen von den Sternen und lieben allumfassend – und wir sind hier, um diese allumfassende Liebe auf der Erde zu verankern. Dazu müssen wir uns auf die Erde, in unsere Körper und in unser Herz begeben, mit allen Sinnen, mit allem, was dazugehört, egal, was es uns kostet.

Willst du das? Und wenn ja: Ist dir klar, worauf du dich einlässt? Ich weiß, dass sich das nicht sehr ermutigend anhört. Aber nur wenn du wirklich bereit bist, dein Herz zu öffnen, wirst du die wahre Kraft deiner inneren Prinzessin erleben.

Vielleicht kannst du sie bereits fühlen – ihre unermesslich zarte und doch machtvolle Energie –, vielleicht siehst du Farben oder empfindest ein Kribbeln oder einen Schauer. Sie ist die Hüterin deiner tiefsten Sehnsucht, deiner verborgensten Wünsche und Hoffnungen. Sie weiß alles und hütet deine Träume durch ihren Schlaf. In ihrem Schlaf, in ihren Träumen findest du all das, was du dir selbst nicht eingestehen kannst, was du nicht zu hoffen wagst, was du nicht nach außen hin zeigen und leben kannst. Wenn sie erwacht, dann bekommst du Zugang zu dem, was du wirklich willst, zu dem, was tief in dir angelegt ist, und erst dann kannst du es über Resonanz magnetisch anziehen, denn erst dann zeigt es sich als Kraft in deinem Energiefeld. Die Frau, die du wirklich bist, die tief in dir angelegt ist, die vielleicht so gar nicht dem Bild entspricht, das du nach außen zeigen willst, diese Frau ist in Dornröschen gespeichert. Das, was die große Göttin meinte, als sie dich schuf, das findest du in ihr.

Aber nicht nur die Frau, sondern alles, wirklich alles, was du nicht zulassen und nach außen zeigen willst, liegt im Turmzimmer des Schlosses und schläft. Wenn die Prinzessin aufwacht, wirst du dich unweigerlich verändern, du wirst spüren, was du wirklich willst und es nicht mehr unterdrücken können. Die Selbstverleugnung und all die Rollen, die du vielleicht noch immer spielst, werden nach und nach von dir abfallen, du wirst immer mehr zu dem, was Gott meinte, als er dich schuf.

Wenn du im erweckten Zustand einem Mann begegnest, wirst du dich nicht mehr hinter den alten Masken verstecken können, sondern du wirst offen, authentisch und verletzlich sein. Gleichzeitig hast du nun aber auch einen sehr wachen und achtsamen Prinzen, der hervorragend mit dem Schwert der Klarheit umgehen kann. Dieser Prinz wird dich beschützen und dich aus der Gefahrenzone ziehen, wenn du dich in all deiner Zartheit zeigst. Wie klingt das?

In der Dornenhecke lernten wir unsere Muster kennen. Hier, im Schloss, erkennen wir die Verletzungen und Traumen des Herzens selbst. Hier herrschen Schmerzen und Ängste, die so tief sind, dass wir uns nicht mehr länger fragen, wozu diese Dornenhecke diente, wir wissen es. Es kann gut sein, dass hinter der Tür, die du mit diesem Schlüssel öffnen kannst, ein Mann in dein Leben tritt, der dich in dein Herz hineinführt. Ob er der Mann deines Lebens ist, sei dahingestellt. Wir brauchen in jedem Fall einen »Übungsraum«, ein Energiefeld, wo es dir möglich ist, dein Herz zu öffnen.

Weißt du: Ob du Dornröschen weckst oder nicht, spielt letztlich gar keine Rolle, denn sie ist sowieso längst aufgewacht. Sie braucht den Kuss nicht. Sie wäre auch ohne den Prinzen erwacht, denn die hundert Jahre sind nun mal vorbei. Der Kuss kam zeitgleich, aber er war nicht die Ursache dafür, dass sie aufwacht. Dennoch ist er sehr wichtig, denn er führt zur sogenannten chymischen Hochzeit, zur inneren Vereinigung von männlicher und weiblicher Kraft, von Yin und Yang, von rechter und linker Gehirnhälfte.

Weil sie aber aufgewacht ist, webt sie dir nun all das in dein Leben hinein, was du brauchst, um lieben zu lernen – du erinnerst dich? Deshalb sind wir auf diesem Planeten. Zu den Dingen, die sie uns schickt, gehört auch, dass wir einen

Mann treffen, mit dem wir Liebe verwirklichen können. Das ist für dich nun nicht mehr das große Ziel, sondern pure Notwendigkeit, damit du dich weiterentwickeln kannst, und deshalb treten nun auch Männer in dein Leben, mit denen das möglich ist. Du brauchst ein Energiefeld, in dem du dein Herz öffnen kannst, und weil das so ist, wirst du auch einem Mann begegnen, bei dem du das tun kannst, einfach so. Aber diese Begegnung ist nun nicht mehr das Ziel, sondern ein neues Aufgabenfeld.

Es erfüllt die tiefe Sehnsucht, die du vielleicht spürst, es macht dich vollständig, gibt dir die Ruhe, die du dir so erhofft hast.

Und es führt dich in eine kleine Kammer hoch oben im Turm des Schlosses.

Wenn wir das Schloss, unser Herz, kennenlernen, dann gibt es einen bestimmten Raum, den wir uns unbedingt anschauen müssen, denn hier hat alles angefangen, und hier findest du Dornröschen, deine innere Prinzessin. Wir werden nicht frei, ehe wir nicht erkennen, was in uns angerichtet wurde. Mache dich also bereit, den Raum zu betreten, in dem du dich an der Spindel gestochen hast, immer und immer wieder.

Übungen zum fünften Schlüssel

 MEDITATION: DORNRÖSCHEN ERWACHT

WIE IMMER machst du es dir bequem, entspannst dich. Nutze deinen Atem, um zur Ruhe zu kommen. Nun stelle dir bitte eine kleine Kammer vor, eine Kammer, in der ein Spinnrad steht. Eine alte Frau sitzt daran, sie spinnt deinen Lebensfaden. Du kennst sie nicht, sie tut das einfach so, ohne dass du Einfluss darauf hast. Sie kennt deine Wünsche und Träume, auch wenn sie dir nicht bewusst sind, vor allem aber kennt sie deinen Lebensplan. Auf einmal bekommst du Lust, selbst zu spinnen; du hast das Gefühl, es ist wichtig, dass du weißt, wie das funktioniert. Du möchtest Einfluss auf dein Schicksal haben, wissen, wie man seinen Lebensfaden fest und gleichmäßig dreht, damit er sich zu einem sicheren und stabilen Gewebe fügt.

DIE ALTE Frau überlässt dir ihren Platz an der Spindel, erklärt dir kurz, was sie tut, dann darfst du es selbst versuchen. Du nimmst den Faden zwischen die Finger und beginnst, das Spinnrad zu drehen. Und dann passiert es, auf welche Weise auch immer: Du stichst dich an der Spindel, genau so wie Dornröschen es getan hat. Augenblicklich sinkst du noch tiefer, gerätst in einen sehr weit entfernten Bereich deines Bewusstseins.

DER KLEINE Raum im Turm des Schlosses verändert sich, öffnet sich, wird freier und weiter. Du überlässt dich ganz deiner inneren Führung und spürst, wie es wärmer wird, lichter, weicher ... Vielleicht nimmst du rosafarbenes Licht

wahr, vielleicht ein Energiefeld voller Sanftheit und Kraft ...
Weiter und weiter öffnet sich der Raum, bis es kein Raum
mehr ist, sondern ein riesiges Energiefeld ... Ein Wesen tritt
auf dich zu ... Du begegnest der Hüterin der Venus.

DIE HÜTERIN heißt dich willkommen auf dem Planeten
der weiblichen Kraft, auf dem Planeten der Göttin. Erleichtert lässt du dich fallen. Sie fragt dich nach den Waffen und
Werkzeugen, die du auf der Erde gebraucht und genutzt
hast, um dir Liebe zu erkämpfen. Aufatmend gibst du ihr
alles, was du mit dir herumträgst, vielleicht ist es ein schwe-
rer Mantel, ein Rucksack, gefüllt mit Gerümpel, vielleicht
trägst du einen Keuschheitsgürtel oder ein Kettenhemd,
vielleicht hüllst du dich in Kleidung, die du als Werkzeug
benutzt. Vielleicht aber hast du dir auch einen schwarzen
Schleier vor das Gesicht gezogen, versteckst deine Schönheit
und Liebe. Egal, auf welche Weise du dich schützt oder ver-
birgst, nun darfst du damit aufhören. Die Hüterin der Venus
nimmt dir alles ab, was du nicht mehr brauchst, und führt
dich dann in einen Tempel. Lichtvolle Wesen, die Hüterinnen
der weiblichen göttlichen Kraft, nehmen dich in Empfang,
führen dich in ein weiches, warmes Bad. Hier ruhst du dich
aus; das Wasser wäscht alles aus dir heraus, was alt und
verbraucht ist; so entsteht Raum für das Neue, Göttliche, für
deine weibliche Kraft.

DU BLEIBST so lange in dem warmen Wasser liegen, bis du
das Gefühl hast, genährt und versorgt zu sein, erfüllt und
in tiefem Frieden. Nun steigst du aus dem Bad, wirst ab-
getrocknet und bekommst ein wunderschönes Gewand. Es
besteht aus reiner Liebe und aus reiner weiblicher Kraft.

Während du es anziehst, spürst du, wie Energie in dich einzuströmen beginnt, und du fühlst dich immer leichter, gleichzeitig wärmer und lebendiger.

DU WIRST in einen großen Saal geführt, er sieht aus wie ein Thronsaal. Du bist ergriffen, die Atmosphäre ist sehr feierlich, und du spürst ein sehr hohes Energiefeld. Du schaust auf – in der Mitte steht ein goldener Thron. Eine unermesslich lichtvolle Gestalt sitzt darauf, und du kannst nicht anders, als niederzuknien. Wärme beginnt auf einmal, dich zu durchströmen, du hebst den Kopf und schaust der Lichtgestalt direkt in die Augen. Sie besteht aus reinem Licht, aus reiner Liebe. Sie zieht dich hoch und nimmt dein Gesicht in die Hände. Plötzlich erkennst du: Das ist Dornröschen, das ist die weibliche göttliche Kraft, auf die du so lange gewartet hast. Und auf einmal stellst du fest, sie trägt dein Gesicht. Du schaust in deine eigenen Augen.

DORNRÖSCHEN, DIE Göttin in ihrer Lichtgestalt, umarmt dich, verströmt ihre Energie – und verschmilzt mit dir. Sie durchströmt alle deine Körper, besonders aber deinen Emotionalkörper, dein ganzes System. Sie verändert und transformiert dich vollkommen, nimmt deine rechte Gehirnhälfte in Besitz und beginnt augenblicklich, auch in dein Herz zu fließen.

DU ERLAUBST ihr, dich ganz und gar auszufüllen und zu verwandeln, lässt zu, dass sie ihren Platz einnimmt, damit sie dir von nun an in ihrer vollen Kraft zu Verfügung stehen kann – und auf einmal spürst du vielleicht erstaunt, dass du das gar nicht willst. Du hast vielleicht kein Interesse mehr daran, dass sie dir zur Verfügung steht, im Gegenteil.

Es gibt vielleicht nichts, was du im Augenblick mehr willst, als ihr zu dienen. Dann erklärst du dich bereit, ihr von nun an zur vollen Verfügung zu stehen, nicht sie dir. Schau, was sich richtig anfühlt, und wenn du spürst, dass du ihr dienen möchtest, dann biete es ihr an. Nimm wahr, wie sie reagiert. Vielleicht erhöht sich deine Energie noch einmal, und du spürst Freude, Freiheit oder das tiefe Gefühl, nach Hause gekommen zu sein. Denn genau das bist du.

DIE ALTE Frau, die dir die Spindel gegeben hat, kommt nun zu dir und segnet dich, verneigt sich vor dir und sagt, dass sie dir gern gedient habe. Der Stich sei notwendig gewesen, damit du dich bewusst auf den Weg machst, die weibliche göttliche Kraft zu finden und in dich aufzunehmen, denn das war von Anbeginn der Zeit vereinbart.

BLEIBE IN dieser Energie, während du dich gleichzeitig an deinen Körper erinnerst, dich bewegst, deinen Alltag wieder zu meistern beginnst – bleibe einfach auf Venus, bleibe dort, während du gleichzeitig auf der Erde bist. So schaffst du eine dauerhafte bewusste Verbindung. Wir brauchen uns nie wieder irgendwo zu verabschieden, wir erweitern einfach unsere Wahrnehmung und sind im ganzen Universum zu Hause … Willkommen, erwachtes Dornröschen, willkommen auf der Erde, gut, dass du endlich da bist!

DIE FRAGEN ZUM FÜNFTEN SCHLÜSSEL

- ♕ Auf welche Weise verhinderst du Liebe in deinem Leben? Was befürchtest du?
- ♕ Welche Gefühle willst du nie wieder erleben? Glaubst du, du kannst sie nicht aushalten?
- ♕ Was versuchst du zu vermeiden, indem du dich erst gar nicht wirklich auf Liebe einlässt? Welche schmerzlichen Erfahrungen erwartest du?
- ♕ Wovor willst du dich schützen? Auf welche Weise hast du dich an der Spindel gestochen? Was tut so weh, dass du es nie wieder erleben kannst, weil du sonst befürchtest, zu sterben?

Es ist ausgesprochen sinnvoll, ein Tagebuch zu führen und darin über Gefühle zu schreiben. Denn du kommst nun allmählich immer tiefer in Bereiche, in denen du äußerste Achtsamkeit und Fürsorge für dich selbst aufbringen solltest.

Bitte erlaube dir, alles zu fühlen, was du fühlst. Du brauchst deine Gefühle nicht zu ändern, lass sie einfach zu, sie gehen vorbei. Weine, spüre den Schmerz – lass alles zu, es geht vorbei. Ich verspreche es dir, es ist viel besser, du fühlst diese Energie und lässt sie durch deinen Emotionalkörper ziehen, als mit ihr zu arbeiten, sie festzuhalten, zu verändern oder zu transformieren. Letztlich kannst du diese emotionale Energie nicht transformieren, du kannst sie nur zulassen, und dann transformiert sie sich selbst. Atme das weiße Licht der Liebe, das du hinter der Tür gefunden hast, die der fünfte Schlüssel öffnete, und gehe weiter, es ist bald vorbei, liebste Seele.

Der sechste Schlüssel

Ich habe viele Arten der Liebe kennengelernt: die Künstlerliebe, die Liebe als Frau, als Schwester, als Mutter, die Liebe zu Gott, die Dichterliebe und was weiß ich nicht alles. Manch eine Liebe ist noch am selben Tag, an dem sie das Licht der Welt erblickt hatte, gestorben, ohne sich demjenigen zu offenbaren, der sie erweckt hatte. Manch eine hat mein Leben zur Qual gemacht und mich in eine Verzweiflung gestürzt, die dem Wahnsinn nahe war. Einer anderen zuliebe führte ich jahrelang in der Abgeschiedenheit ein völlig dem Metaphysischen zugewandtes Leben. Mit alledem habe ich es wirklich ernst gemeint.

GEORGE SAND (1804–1876),
EIGENTLICH LUCIE AURORE DUPIN,
FRANZÖSISCHE SCHRIFTSTELLERIN

Warum wir unser Herz vielleicht trotz unserer Sehn-
sucht nach Liebe verschlossen halten: die Angst vor
Enttäuschung und Zurückweisung.

Es kann sein, dass du in der Zeit, in der du dein Herz kennenlernst, eine geradezu drängende Erwartung nach Schmerz
und Enttäuschung in dir entdeckst. Das ist die emotionale
Hülle deines Herzens, wenn du es dir einmal in Schichten
vorstellst.

Es gibt Bereiche – die luftigen, hohen, hellen Räume
im Innern des Schlosses –, in denen du ganz leicht lieben
kannst, unpersönlich vielleicht, in der Einheit mit Gott und
allem, was lebt und existiert. Das fällt gerade denjenigen
unter uns, die sich mit spirituellen Themen beschäftigen
und vielleicht gar als Heilerinnen arbeiten, besonders
leicht. Wir glauben, wir könnten lieben, weil wir doch den
ganzen Tag nichts anderes tun, als heilende Liebe zu ver-
strömen. Vielleicht sind wir völlig hingerissen von Tieren
und kleinen Kindern, unser Herz öffnet sich, wenn wir in
diese großen Augen sehen – wir glauben, wir könnten lieben. Möglicherweise sprechen wir mit Bäumen und Elfen,
wir sind ganz und gar eins mit uns und der Natur, wenn
wir meditieren – und wir glauben, wir könnten lieben. Wir
sind gütig, mitfühlend und sehr bewusst, übernehmen die
Verantwortung für uns und unsere Gefühle, zeigen uns und
unsere Wahrheit – und glauben, wir könnten lieben. Nun,
in diesen lichten, sonnendurchfluteten Räumen von Agape
und Philia können wir es.

Aber da gibt es auch die Folterkammer und dunkle Verliese. Da gibt es den Keller, und da gibt es eben diesen kleinen Raum im Innern des Schlosses, in dem sich die Prinzessin an der Spindel gestochen hat. Wenn du dein Herz kennenlernst, kommst du in Bereiche, in denen du so verletzt bist, dass du nicht glaubst, jemals wieder auch nur einigermaßen glücklich sein zu können. Hier hat Eros gewütet.

Warum ich dir das sage? Weil du es sowieso weißt. Was wäre ich denn für eine Freundin, wenn ich dir etwas vorenthielte, was, wie du spürst, zu deiner Wahrheit gehört? Würdest du mir glauben und mir vertrauen, wenn ich dir was von Blümchen und Bienchen erzählte? Glaubst du, ich weiß nicht, wie es ist, verlassen, ausgestoßen, verletzt und innerlich zerrissen zu werden? Es gab Bereiche in mir, die suchten so dringend nach dem Schmerz, dass ich, wenn ein Mann mir sagte, er hätte mich lieb, nach einer Minute glaubte, er wäre nur höflich, und sagte es, weil ich es erwarte. Und wieso hat er mich nur lieb, wieso liebt er mich nicht? Ist das nicht völlig absurd? Und völlig vertraut?

Am Ende war es nichts als ein Gradmesser dafür, wie nachdrücklich ich mich auf Ablehnung und Enttäuschung vorbereitete, wie gewöhnt ich es war, verlassen und zurückgewiesen zu werden. Ja, eine Frau wie ich. Das sage ich nicht arrogant, weil ich mich so toll finde, sondern weil ich immer wieder hörte: »Wie kann das denn sein, Sie sind doch erfolgreich und selbstbewusst!« Und so weiter. Ja, das bin ich. Genau wie du. Ich bin erfolgreich, ich weiß, was ich kann, und ich halte mich für liebenswert und beziehungsfähig. Ich, Susanne.

Aber nicht ich, das kleine Kind, das so gründlich verlassen wurde, dass ich nicht weiß, ob es sich jemals wieder vollständig erholt. Nicht ich, die Frau, die weiß, wie es ist, verbrannt, vergewaltigt oder ausgeliefert zu werden, nicht ich, die Mutter, die ihre Kinder abgetrieben oder verloren hat, im Krieg oder an Krankheit hat sterben sehen. Nicht ich, die ich weiß, wie es sich anfühlt, betrogen, verraten, verkauft und verlassen zu werden. Auch ich, die ich selbst verlassen, betrogen und verletzt habe, glaubte nicht daran, jemals liebenswert zu sein, es verdient zu haben, tatsächlich in einer glücklichen Liebesbeziehung zu leben. Auch ich hatte mich an der Spindel gestochen und lag in einem hundertjährigen Schlaf.

Ob du an Reinkarnation glaubst, an Energiefelder oder an Außerirdische, spielt überhaupt keine Rolle – wir sind vernetzt, und das Leid einer Frau ist das Leid aller Frauen. (Hier geht es um uns Frauen, das Gleiche trifft natürlich auf alles andere zu.)

Es wird nun Zeit, jemanden kennenzulernen, an dem wir nicht vorbeikommen, wenn wir je bereit werden wollen zu lieben. Es wird Zeit, die dreizehnte Fee zu treffen.

Du erinnerst dich sicher, dass sie es ist, die Dornröschen verflucht und das ganze Unglück verursacht hat. Nun, wie wollen wir jemals vertrauen, wie wollen wir uns jemals entspannt und sicher fühlen, wenn wir nicht mit dieser Fee versöhnt sind? Wie können wir wissen, ob wir uns nicht wieder so gründlich an einer Spindel stechen, dass Dornröschen diesmal stirbt? (Es war die zwölfte Fee, die den Fluch in einen hundertjährigen Schlaf abgemildert hat, die dreizehnte Fee wollte Dornröschens Tod.)

Wir können das Risiko nicht eingehen, wieder und wieder bis ins Innerste verletzt zu werden, wenn wir uns entscheiden, wahrhaftig zu lieben. Wir brauchen auch die dreizehnte Fee als gute Kraft bei uns, nicht als Widersacherin, die uns verfluchen kann, wann immer sie das möchte. Wir brauchen einen sicheren Raum, ein stabiles Energiefeld, in dem wir lernen können, uns zu öffnen.

Wie kam es überhaupt zu dem Fluch? Sie war nicht eingeladen, die dreizehnte Fee, aus Gründen, die so absurd sind, dass es fast nicht zu glauben ist: Der König und die Königin hatten nicht genug goldene Teller (als hätte es in ihrem Reich keine Goldschmiede gegeben). Tatsächlich aber gab es keinen Raum für die Dreizehn, das königliche Weltbild hörte bei der harmonischen Zwölf auf. Die Dreizehn, das Unvorhergesehene, der Wandel, der Tod des Althergebrachten, Überholten, das Chaos, war nicht willkommen. Doch das Königspaar irrte sich: Sie lässt sich nicht ausschließen, die dreizehnte Fee. Und es spielt keine Rolle, ob wir es zulassen, dass die Veränderung in unser Leben tritt oder nicht. Sie erfolgt einfach von selbst, wenn ihre Zeit gekommen ist, denn sie unterliegt wie alles den kosmischen Gesetzen, nicht unserem Willen.

Im Tarot steht die Dreizehn für den Tod, für den Wandel im Außen, für unvorhergesehene Ereignisse und dafür, dass Altes, Erstarrtes sterben muss, damit Neues entstehen kann. Wenn wir diese Kraft nicht akzeptieren wollen, wenn wir ihr nicht erlauben, in unserem Leben zu wirken, dann passiert letztlich gar nichts – sie wirkt nämlich einfach trotzdem. Doch das geschieht dann ohne deine Bereitschaft, sich dem Fluss des Lebens hinzugeben, und damit ohne deine Wachheit, Aufmerksamkeit – ohne Möglichkeit, angemessen zu reagieren! Du schneidest dich von deiner Kraft ab, wenn du bestimmte Energien in deinem Leben nicht zulassen willst, und wirst handlungsunfähig. Das Leben fließt dennoch. Diese ganze von dir errichtete Dornenhecke ist nichts anderes als der Versuch, dem zu entgehen, was in dir lebt und gelebt werden will, nichts als der Versuch, deine Wahrheit zu verschleiern, wenn sie schmerzhaft wird.

Die dreizehnte Fee bringt das wertvollste Geschenk: Die Fähigkeit des Wandels. Wenn wir unser Weltbild nach klaren, geordneten Strukturen ausrichten wollen, dann vergessen wir eines: Das ist nicht das Leben! Wir können uns so lange damit aufhalten, das Leben in die Bahnen zu zwingen, die wir zu brauchen glauben, wie wir wollen – es fließt dennoch einfach weiter und zeigt sich radikal und unversöhnlich.

Die Dreizehn zeigt sich immer dann revolutionär und anarchistisch, wenn wir sie auszuschließen versuchen und an alten, starren Strukturen festhalten wollen. Wenn wir den Wandel nicht zulassen; wenn wir nicht anerkennen wollen, dass der Tod eine wichtige Kraft ist, nämlich die Kraft, die es erlaubt, unsere auf der Erde verwirklichten Energieformen wieder aufzulösen, damit Neues entstehen kann, dann bauen wir riesige Gedanken- und Gefühlsimperien auf, die mit dem Leben überhaupt nichts mehr zu tun haben. Dornenhecken eben. Wir konstruieren unser Leben und unsere Wahrheit, wir planen unsere Beziehungen und unser Leben, als wären wir die Schöpferinnen der Welt. Nun, das sind wir. Aber wir können nichts gestalten, wenn wir nicht alle Energien einbeziehen, denn sonst handeln wir schlicht gegen die spirituellen und geistigen Gesetze. Keine Schöpfung kann sich stabil verwirklichen, wenn wir nicht alle Aspekte mit einbeziehen. Die dreizehnte Fee ist die Hüterin der Schwelle, des Messers Schneide, an der sich die Spreu vom Weizen trennt.

Denn Dornröschen kann nichts wirksam erschaffen, wenn wir nicht erlauben, dass sie alle Fäden in das Gewebe unseres Lebens mit einbezieht. Sie braucht die dreizehnte Fee, damit diese immer wieder das auflöst und von uns nimmt, was auf der seelischen Ebene nicht mehr unseren Schöpfungen und unserer Wahrheit entspricht.

Das hört sich ja bis jetzt alles wunderbar an, eine kraftvolle Energie, die wir nur einzuladen brauchen, damit sie sich harmonisch in unser Leben fügt, nicht wahr? Nun, es hatte Gründe, warum sie nicht eingeladen war. Sie ist kein angenehmer Gast. Die dreizehnte Fee ist nämlich diejenige, die dich dich vor Schmerz auf dem Boden winden lässt, wenn sie ihren Zauberstab geschwenkt hat. Was auf spirituellen Ebenen so klar und kraftvoll klingt, ist auf Erden das, was Scheidungsanwälte reich macht, was Notärzte täglich sehen und was auf Intensivstationen passiert. Sich mit der dreizehnte Fee zu versöhnen, den Tod als gute Kraft in unser Leben einzuladen, ist die mutigste und erhabenste Aufgabe, die du nur annehmen kannst, und oftmals meistern wir sie gerade so, mit Ach und Krach – und manchmal meistern wir sie auch nicht, sondern verzweifeln und verbittern.

Wir können uns mit ihr nicht versöhnen, wir laden sie ganz sicher nicht an unseren Tisch, denn wir fürchten sie mehr als den Teufel. Wenn du je verlassen wurdest, einen geliebten Menschen, ein Tier oder eine Liebe verloren hast; wenn du weißt, wie es sich anfühlt, vor Schmerzen nicht mehr leben zu wollen; wenn du dich ernsthaft darauf ein-richtest, für immer auf diesem Stuhl sitzen zu bleiben und blicklos in eine Ecke zu starren – dann hast du sie kennen-gelernt. Wie können wir es wagen, zu lieben, unser Herz zu öffnen, wenn wir wissen, dass sie sich ungebeten in unser Leben drängen wird, ob uns das passt oder nicht? Wir müss-ten verrückt sein!

Aber wie können wir Frieden mit ihr schließen, uns in-nerlich vor ihr verneigen und sie schlicht ihren Job machen lassen? Es wäre ja geradezu zynisch, sich mit ihr zu ver-söhnen, den Tod, den Wandel zu begrüßen, vor allem dann, wenn wir mit jeder Faser unseres Seins an etwas hängen. Das können wirklich nur Leute sagen, die noch nie etwas verloren haben oder gleich ohne Emotionalkörper geboren worden sind, oder? Ja und nein.

Da gibt es auch die anderen, die, die echte Verluste erlit-ten und darüber Frieden gefunden, sich ausgesöhnt haben. Es gibt Menschen, die es akzeptieren, wenn sich etwas aus ihrem Leben verabschiedet, die loslassen können, die sich dennoch oder gerade deshalb getragen und aufgehoben füh-len im göttlichen Feld der Liebe. »Wer weiß, wozu es gut ist«, sagen sie und meinen es auch so. Manchmal erfahren sie es sogar.

Jetzt mal ehrlich: Wie sind denn die drauf? Oder kennen diese Menschen ein Geheimnis? Du kannst niemals tiefer fallen als in Gottes Hände – allerdings ist der Weg manchmal sehr weit.

Schauen wir uns also die dreizehnte Fee an, denn sie wirkt und wirkt, wir können sie nicht aus unserem Leben verbannen.

Wem dient sie, diese Fee? Wie alles und jedes dient sie der Liebe und der göttlichen Schöpfung, Alles, was sie nimmt und verändert, ist auf höherer Ebene abgesprochen und abgesegnet, es gehört zum kosmischen Plan. Unser Widerstand ist Widerstand gegen den göttlichen Willen selbst, denn die dreizehnte Fee kann nicht anders, als der Schöpfung zu gehorchen.

Danke für nichts, sagst du nun wahrscheinlich. Was aber bedeutet das für uns, wenn wir diesen Gedanken wirklich einmal zulassen? Wenn wir uns gegen die Schöpfung stellen, dann doch nur deshalb, weil wir ihr nicht vertrauen, weil wir nicht glauben, dass sie uns gut und liebevoll gesinnt ist, oder? Natürlich glauben wir das nicht. Wie kann es gut sein für dich, dass du enttäuscht, verlassen und verletzt wirst? Wie kann das zum göttlichen Plan gehören, ist denn Gott so sadistisch?

Nun, die dreizehnte Fee nimmt die Formen. Sonst nichts. Die Formen – nicht die Liebe, nicht die Verbindung, nicht die gemeinsamen höheren Ebenen, in denen ihr in Liebe verbunden seid. Sie nimmt die Illusion, den geschaffenen Ausdruck, das erstarrte Energiefeld, nur das. Wie wäre es, wenn sie uns lehrte, dass diese Form nichts ist, woran wir uns festzuhalten brauchen, weil wir auf anderen Ebenen, auf denen ganz andere Gesetze wirken, sowieso verbunden sind? Und wie wäre es, wenn sie nur das von uns nimmt, was sowieso kein Ausdruck von Liebe ist? Geht es nicht eher darum, dass wir gar nicht so genau sehen wollen, ob unsere Beziehungen tatsächlich auf Liebe beruhen oder nicht? Wollen wir wirklich so viel Klarheit, dass wir erlauben können, sie in unserem Leben wirken zu lassen? Oder wollen wir uns lieber der Illusion hingeben, alles wäre in Ordnung, obwohl unsere vermeintliche Liebe nichts als Co-Abhängigkeit und Angst vor dem Alleinsein ist? Wollen wir ihr wirklich erlauben, uns die Augen zu öffnen, indem wir ihr unser Leben anbieten und sie bitten, das von uns zu nehmen, was nicht Liebe und nur Liebe ist?

In dem Moment, indem du loslässt, bekommst du weitaus mehr zurück, als du dir je erträumt hast … Ein frommer Spruch, nicht wahr? Noch so ein Klassiker ist folgender Satz: Lass alles los – das, was geht, gehört sowieso nicht zu dir; das, was bleibt, wirst du für immer behalten. Aber wollen wir wirklich wissen, was wahrhaft zu uns gehört? Was ist, wenn wir es nicht wollen, weil es zu wenig ist, weil es nicht das ist, was wir brauchen? Nun, wir können unser Energiefeld nur dann ändern, wenn wir es deutlich erkennen können, deshalb ist es sehr sinnvoll, sich von Zeit zu Zeit die eigenen Schöpfungen ungeschminkt und im hellen Licht der Klarheit anzuschauen.

Vielleicht weiß die Schöpfung tatsächlich besser als wir selbst, was wir brauchen, Wir wäre es, wenn wir ihr einfach mal vertrauten? Vertrauen wir darauf, dass irgendjemand in diesem Universum weiß, was er tut, und dass die dreizehnte Fee, der Tod, den Gesetzen der Liebe untersteht, so, wie alles andere auch. Soll sie doch bitte alles nehmen, was nicht Liebe ist, sie erweist uns damit sogar einen Dienst. Ja, das tut weh, ja, das macht Angst. Aber mehr nicht! Es bringt uns nicht um, und es nimmt uns nur, was uns sowieso viel zu viel Kraft kostet. Lade die dreizehnte Fee ein, und sorge in der Zwischenzeit gut für dein inneres Kind

Und das ist der Trick. Wenn du sie einlädst und sie wirken lässt, sie immer wieder bittest, gleich alles wieder von dir zu nehmen, was nicht Liebe ist, dann räumt sie immer wieder dein Energiefeld auf – das ist angewandtes Feng-Shui, dein Leben wird immer wieder von Gerümpel befreit! Je bereitwilliger du ihr dein Leben gibst, ihr also erlaubst, wirksam zu sein, desto rascher und früher räumt sie auf. Dann verfängst du dich erst gar nicht in den von dir geschaffenen Strukturen, sondern wie Spinnweben werden sie gleich wieder entfernt, wenn ihnen nicht wahre Liebe und echte lebendige Kraft zugrunde liegen. Ich gebe ihr also mein Leben in die Hand. Was könnte wohl der Segen der dreizehnten Fee gewesen sein, wenn das Königspaar sie an ihre Tafel geladen hätte? Wie wäre es damit:

»Ich überprüfe dein Leben immer wieder auf Unstimmigkeiten und nehme das weg, was dich auf deinem Weg der Liebe und des Glückes behindert, wenn du dich allzu bereitwillig aufopferst oder eine Situation akzeptierst, obwohl sie nicht der Liebe dient. Ich sorge dafür, dass dein Energiefeld immer wieder gereinigt wird und dass alles Alte, Erstarrte gehen kann. Du wirst spüren, was nicht stimmt, weil es sich schwer und anstrengend anfühlt, und ich werde immer wieder dafür sorgen, dass alles Schwere von dir genommen wird. Ich nehme dir die Illusionen und Vorstellungen, damit du aus dem Traum erwachen und echte Liebe verwirklichen kannst.«

Wir wissen selbst sehr gut, dass wir uns manchmal gegen unser inneres und besseres Wissen in Situationen begeben, in denen wir einem Traum nachjagen, oder? Wenn wir dem Wandel erlauben zu wirken, dann befreit er uns von allem, was nicht unserem Seelenplan und der gelebten, lebendigen Liebe dient. (Bitte lass uns in diesem Buch nicht darüber reden, wozu es dienen könnte, wenn der Tod tatsächlich eintritt, wenn zum Beispiel dein Partner oder gar dein Kind stirbt. Auch darauf gibt es Antworten, aber hier sprechen wir von Liebesbeziehungen, o.k.? Ich scheue mich nicht, dir Antworten zu geben, aber nicht hier und jetzt. Hier geht es um die dreizehnte Fee, um den Fluch, der Verletzung in Liebesbeziehungen verursacht.)

Übergeben wir unsere Situation nun also der dreizehnten Fee, soll sie doch bitte wegnehmen, was nicht echt ist. Das tut natürlich weh, und wir haben Angst, dass dann nichts bleibt. Wir wissen aber, dass das den Weg frei macht, dass es den Raum schafft, den wir brauchen, damit echte Liebe und Erfüllung in unser Leben fließen können. Und das erschaffen wir nun, genau in dieser Sekunde.

Wir erschaffen uns jetzt ein Energiefeld, in dem wir uns getragen und geliebt fühlen. Ob es sich außen verwirklicht oder nicht, wir werden sehen. Aber das Energiefeld von Liebe, das brauchen wir hier und jetzt. Wir akzeptieren nicht länger, dass wir uns im Mangel fühlen, wir wissen es so viel besser. Wir brauchen nicht im Mangel zu sein. Das sind wir nur, wenn wir die Energie, die wir brauchen, von diesem einen Mann haben wollen, und zwar jetzt. Wenn wir diese Idee abgeben und loslassen, aber unsere Sehnsucht, unser Verlangen nach der Energie von glücklicher Liebe dennoch zulassen und auf Erfüllung bestehen, dann kann das energetische Feld gar nicht anders, als uns die entsprechenden Frequenzen zu schicken.

Bitten wir die göttliche Kraft selbst, uns jetzt, genau jetzt, mit ebender Energie zu versorgen, die wir brauchen, um uns geliebt, getragen und sicher zu fühlen. Soll die dreizehnte Fee doch die Form, den Ausdruck, wegnehmen! Die Kraft, die Energie, die Liebe kann sie nicht nehmen, im Gegenteil, diese wird oft erst dadurch sichtbar. Wir können unsere energetische Versorgung mit Liebe unabhängig von diesem bestimmten Mann, den wir haben wollen, machen, ja, wir können sie von allen Männern unabhängig machen! Ich kann nur erschaffen, was ich in mir trage. Das heißt nicht, dass ich es nicht auch im Außen brauche. Es nutzt dir nichts, wenn du dich super in der Fülle fühlst, aber kein Geld hast, deine Miete zu bezahlen. Es ist Quatsch, wenn du hörst, dass du das, was du in dir trägst, im Außen nicht brauchst, natürlich brauchst du es. Wenn du keinen Mann in deinem Leben hast, dann kannst du zum Beispiel kein Kind bekommen, kann sich keine Seele inkarnieren. Willkommen auf der Erde, dem

Planeten der geschöpften und zu Form gewordenen Energiefelder! Wenn du dir aber ein Energiefeld von Liebe und Erfüllung in dein System ziehst, dann kann es gar nicht anders, als sich im Außen zu verwirklichen.

Eines aber ist wichtig und Voraussetzung. Das Energiefeld bitten wir sofort in unser Leben – aber das können wir nur, wenn wir alle Gefühle zulassen, den Schmerz, das Verlangen nach Liebe, die Sehnsucht und die Angst. Warum? Weil du sonst gar nicht spürst, was du eigentlich brauchst. In deinen Gefühlen – in deinen echten Gefühlen! – sind deine Sehnsüchte verborgen. Wenn du diese Gefühle nicht zulässt, dann hast du erstarrte Stellen in deinem System, Stellen, in die das Leben und die Liebe nicht einfließen können. Übergib sie der dreizehnten Fee, das ist ihre Aufgabe, und sie hat dir versprochen, dass sie sie ausführt. (Sie hat ihren Segen auch damals ausgesprochen, als sie nicht eingeladen war, sie hat es ein bisschen drastisch ausgedrückt, aber letztlich hat sie einfach nur getan, was sie eben so tut. Und woher wissen wir, dass sie nicht ganz genau wusste, dass die zwölfte Fee ihren Fluch abmildern würde, woher wissen wir, dass nicht genau diese Ereignisse Dornröschens Seelenplan erfüllten?)

Wen aber brauche ich, damit ich das Energiefeld überhaupt in mein Leben ziehen kann? Wer in mir verknüpft den Faden mit allen kosmischen Ebenen? Wer dient meinem Herzen und meiner tiefsten Sehnsucht und damit meinem eigenen Seelenplan? Natürlich ist es Dornröschen – das ist ihre Kraft. Ich bitte sie, mir alles in mein Leben zu weben, was ich brauche, um erfüllt zu sein; ich bitte sie ausdrücklich, und ich verpflichte mich ihr. Es wäre ja auch ziemlich un-

sinnig, sie zu bitten, meine tiefsten Sehnsüchte zu erfüllen, und dann nicht zu machen, was sie sagt, oder?

Und nun kommt endlich der Kuss. Denn damit entscheidet sich dein Prinz, der aktive Anteil deines Selbst, der Prinzessin zu dienen, ihr sämtliche Angelegenheiten zu übergeben und dem zu folgen, was sie ihm aufträgt. Du entscheidest damit, der Stimme deines Herzens zu folgen – und sonst niemandem mehr.

Irgendwann kommt der Zeitpunkt, an dem du nicht mehr fragst, ob du es überhaupt verdient hast, dass dich ein Mann liebt, ob du überhaupt würdig und gut genug bist. Irgendwann – nämlich jetzt – kommt der Zeitpunkt, an dem du erkennst, dass du dir selbst das Energiefeld erschaffen kannst, darfst und sollst. Wenn du diese tiefe Sehnsucht nach einer erfüllten Liebesbeziehung in dir trägst, dann gehört sie zu dem, was du hier auf Erden erforschen und erleben darfst und sollst – dann gehört sie zu deinem Seelenplan, und dann brauchst du sie, um vollständig und ganz zu werden. Nicht der Mann macht dich ganz, nicht mal die Liebesbeziehung ... nein, es ist das Energiefeld, in dem du dich auf neue Weise erfahren kannst und all das geben darfst, was du zu geben hast.

Ich habe in einem anderen Buch einmal geschrieben, ich bräuchte eine Katze – nicht »ich hätte gern eine«, sondern ich bräuchte eine. Das ist tatsächlich so, und zwar, um bestimmten Energien in mir Ausdruck zu verleihen. So ist es auch mit einer innigen Liebesbeziehung. Ich brauche eine, sonst liegen weite Teile meiner Energie brach. Ich benötige sie nicht, um vollständig zu sein, sie soll mir nichts geben.

Sie ist für mich wichtig, weil sie mir einen Raum eröffnet, in dem ich meine Energie leben kann – so, wie meine Katzen es mir ermöglichen, für sie zu sorgen, für sie da zu sein und ihnen meine Liebe zu schenken. Natürlich geben sie mir sehr viel zurück, aber das ist nicht der Punkt. Ich brauche eine Liebesbeziehung, weil meine Hände voll sind, weil mein Herz lieben will und weil es mich zutiefst erfüllt, eine Familie zu haben. Und weil das so ist, habe ich mir diese Erfahrung, dieses Energiefeld, auf der seelischen Ebene mit Sicherheit vorbereitet, anders geht es gar nicht. Ich lebe diese Erfahrung jetzt, und sie ist genauso erfüllend, wie ich es mir erträumt habe.

So bitte Dornröschen, nun das in dein Leben zu weben, was du ohnehin schon geplant hast. Es geht jetzt nicht mehr um das süchtige Suchen. Es wird jetzt einfach Zeit, dass du ganz wirst. Das wirst du nicht, indem du einen Mann hast, sondern indem du ein Energiefeld zur Verfügung gestellt bekommst, in dem du alles sein darfst, was du bist. Die Mutter, die Geliebte, die Partnerin, die Frau an der Seite eines Mannes. Es geht um das Energiefeld, verstehst du das? Natürlich verwirklicht sich das dann auch im Außen.

Wir verhindern unsere erfüllten Beziehungen nicht dadurch, dass wir sie zu sehr wollen. Wir verhindern sie dadurch, dass wir insgeheim glauben, sie stünden uns nicht zu und wir bekämen sie, solange wir sie wollten, sowieso nicht. Aber du musst nicht erst gut genug werden, du musst auch nicht erst deine Beziehung zu deinem Papi restlos geklärt haben, nein, du musst gar nichts mehr tun, nur das Energiefeld anfordern, in dem du dich entwickeln und leben kannst, in dem du dich selbst vollständig erfahren kannst! Das ist ein vollkommen anderer Anspruch als der, dass dir ein Mann geben soll, was dir fehlt. Denn das kann er nicht. Aber er kann mit dir gemeinsam in einer wie auch immer gearteten Beziehung den energetischen Raum erschaffen, in dem ihr euch beide ausdrückt und auf ganz neue Weise erleben könnt.

Wir brauchen nun mal einen irdischen Ausdruck für unsere Energie; der menschliche Teil in uns braucht das. Und deshalb sind wir ja wohl auch hier, oder? Ich bin nicht auf die Erde gekommen, um mich schlecht, unvollständig oder andauernd im Mangel zu fühlen. Kann sein, dass ich einige Inkarnationen damit verbracht habe, diese Erfahrungen zu machen; ja, ich bin mir dessen sogar ganz sicher. Aber diese nicht, die Zeiten sind einfach vorbei. Wenn es in dir den dringenden Wunsch nach erfüllter Liebe gibt, dann – und das kann ich dir nicht oft genug sagen – gehört es zu deinem Seelenplan, und du darfst Erfüllung einfordern. Wann und wie sie sich verwirklicht, nun, das unterliegt den Gesetzen von Raum und Zeit, dem richtigen Zeitpunkt und allem, was wir uns sonst noch so ausgedacht haben. Aber das Feld selbst, die Gewissheit, dass es kommt, darum darfst du augenblicklich, hier und jetzt, während du das liest, bitten. (Ich könnte auch »verlangen« schreiben – es ist deine Inkarnation und dein Energiefeld, und es ist bereits von höheren Ebenen abgesegnet, sonst hättest du es erst gar nicht als Wunsch mit im Paket.)

Bitte versteh dennoch, dass das Energiefeld erst und nur dann auch in konkreter Form entstehen kann, wenn die Zeit dafür reif ist. Dein Mann kommt also dann in dein Leben, wenn du wirklich bereit dafür bist. Das entscheidest nicht du, sondern es wurde in deinem Seelenplan festgelegt. Denn deine Seele weiß genau, was in dir erlöst werden will, bevor sich die Liebesbeziehung in deinem Leben verwirklicht. Ganz sicher gehört dazu, dass du gut für dein inneres Kind sorgen kannst. Denn sonst muss es dein Partner machen, und damit verhindert ihr eine Mann-Frau-Beziehung auf Augenhöhe.

Wir können uns wünschen, was wir wollen, und Dornröschen webt es in unser Leben. Aber letztlich unterliegt es den Gesetzen des Seelenplanes und sorgt dafür, dass er erfüllt wird. Wenn nun eine Liebesbeziehung etwas stören würde, was du noch erfahren oder in dir entwickeln willst, dann wird es noch ein bisschen dauern, bis sie kommt. Weil du dich aber Dornröschen verpflichtet hast, deiner Intuition nun vertraust und ihm folgst, spürst du auch, warum die Zeit vielleicht noch nicht reif ist. Wenn wir ganz ehrlich sind, dann wissen wir genau, wozu es dient, wenn etwas noch nicht in unserem Leben ist.

Und wenn dir das alles nichts nutzt, wenn du noch immer der Meinung bist, du musst erst noch dies oder das tun und erledigen, bevor du dir dein Energiefeld der erfüllten Liebesbeziehung in dein Leben hineinweben lassen darfst, dann gibt es hier noch ein, wie ich finde, sehr wirkungsvolles Argument. Ich habe es in einem Buch von White Eagle gefunden (siehe Anhang): Die Seelen, die auf die Erde kommen wollen, um die Welt zu verändern, brauchen Energiefelder, in denen sie sich inkarnieren können.

Es ist für die Schöpfung sehr wichtig, dass du in erfüllter Liebe lebst, denn wie sonst soll sie sich bitte fortsetzen? Dabei geht es nicht nur darum, Kinder zu zeugen, sondern auch darum, der Liebe selbst Raum zu geben. Hier geht es auch nicht um diesen Unsinn, dass es nicht genug Kinder gebe. Wenn wir Kinder zeugen, damit unsere Renten gesichert sind, dann ist das ein solcher Ausdruck von Angst und Mangel, dass ich als Seele schon gar keine Lust hätte, auf die Erde zu kommen, wenn das der Grund dafür sein soll. Aber die Kinder der Neuen Zeit brauchen ein Feld, in dem sie sich inkarnieren können! Was ist mit all den Engeln, mit all den Wesen, die den nächsten Schritt der Evolution vorbereiten wollen? Eigentlich ist es fast unverantwortlich, nicht in einer Beziehung zu leben, in der Liebe wachsen und gedeihen kann, oder? Das sage ich natürlich nur, weil ich spüre, wie mächtig deine Überzeugung ist, du seiest noch nicht gut genug und du müsstest dir Liebe erst verdienen. Doch das Gegenteil ist der Fall. Du darfst darauf bestehen, dass nun ein Feld entsteht, in dem du sie verwirklichen kannst, denn dazu sind wir hier, oder?

Du dienst der ganzen Schöpfung, wenn du in größtmöglicher Erfüllung und Liebe lebst. Und das ist doch nun wirklich ein Argument, gegen das nicht mal mehr dein Ego, das dir einredet, du seiest nicht gut genug, etwas ausrichten kann!

Übungen zum sechsten Schlüssel

 **MEDITATION 1: DAS ENERGIEFELD ERFÜLLTER LIEBE**

WIE IMMER machst du es dir bitte bequem und nutzt eine Entspannungstechnik, um zur Ruhe zu kommen. Bitte dann den Teil in dir, der sich an der Spindel gestochen hat, sich dir zu zeigen. Das ist der sehr verletzte Teil in dir, der enttäuscht ist, keine Kraft mehr hat, nicht mehr kämpfen will und vielleicht ziemlich erschöpft ist. Es kann sein, dass du eine Frau siehst oder nur ein Gefühl spürst oder ein kleines Kind wahrnimmst.

BITTE FRAGE diesen Teil in dir, ob er eigentlich noch gern auf der Erde ist. Es gibt in uns Anteile, die so verletzt sind, dass sie genug haben, nicht mehr hier sein wollen. Jetzt ist die Zeit da, sie gehen zu lassen, sie brauchen sich nicht mehr mit letzter Kraft aufrecht zu halten. Sieh, wie verletzt der Teil ist, den du zu dir gebeten hast, und wodurch er sein Verletztsein ausdrückt. Vielleicht sitzt der Seelenanteil in Form einer Frau, eines Kindes, einfach in einer Ecke, oder du nimmst nur ein graues Energiefeld um ihn herum wahr.

WENN DU erkennst, dass dieser Teil nicht mehr auf der Erde sein will, dann schicke ihm bitte eine hell strahlende Lichtsäule. Stelle dir einfach eine vor. In solch einer Lichtsäule herrscht ein sehr hoch schwingendes Energiefeld, das aus dem Bereich der ungeteilten göttlichen Ordnung bis hinein in das Herz der Erde reicht. Vielleicht siehst du auch einen runden Lichtkegel auf dem Boden, oder die Lichtsäule erstreckt sich bis in den Boden, ragt weit in die Erde hinein.

Immer aber ist sie hell und nach außen hin deutlich defi-
niert, hat also klar umrissene Ränder.

NUN BITTE einige Engel zu dir. Du spürst ihre Anwesenheit wie eine Wärmestrahlung oder als angenehmes, ent-
spanntes Gefühl. Bitte den verletzten Teil, einfach in diese
Lichtsäule zu gehen, wenn er aufsteigen und mit den nicht
inkarnierten Seelenanteilen verschmelzen will. Vielleicht
gibt es auch einen anderen, besseren Ort für diesen Seelenanteil, der so verletzt ist. Erlaube ihm, dorthin zu gehen,
wo es jetzt für ihn richtig ist, die Engel führen ihn dahin,
du brauchst nicht zu wissen, wo das ist. Sieh, wie der Anteil
reagiert. Ist er erleichtert? Schaut er, was geschieht? Und
wie fühlst du dich selbst? – Es ist sehr sinnvoll, die Anteile
nach Hause zu schicken, die nicht mehr hier sein wollen; sie
haben genug getragen oder bewirkt. Für sie ist es einfach
Zeit, sich auszuruhen.

ANSCHLIESSEND STELLE dich bitte selbst in die Lichtsäule hinein, und erlaube allen Energien in dir, die nicht mehr
stimmig sind, die dir keinen guten Dienst mehr leisten, die
verletzt sind und gehen wollen oder einfach nicht mehr zu
deinem Leben gehören, in der Lichtsäule aufzusteigen. Und
dann bitte die Seelenanteile, die sich jetzt inkarnieren wollen, die also jetzt auf die Erde kommen möchten, für die genau jetzt der richtige Zeitpunkt ist, zu dir zu kommen. Du
spürst, wie dich neue seelische Anteile zu durchströmen
beginnen, vielleicht nimmst du Farben wahr, siehst Wesens-
anteile oder spürst einfach neue Kraft.

UND NUN bitte ein Energiefeld von erfüllter Liebe zu dir.
Das geht ganz einfach, bitte nur darum, dann kommt es, es
kann gar nicht anders. Es ist ein Energiefeld, das dich dich

beschwingt fühlen lässt, glücklich macht und mit erfüllter Liebe in Kontakt bringt. In diesem Energiefeld findest du alles, was du brauchst; es enthält alles, was nötig ist, damit du eine erfüllte, glückliche Partnerschaft erleben kannst. Vielleicht bringt es dir Energien mit, die du noch nicht kennst und von denen du noch nichts ahnst – sie werden sich in den nächsten Tagen zeigen, also wundere dich nicht ...

DIESES NEUE Energiefeld wird mit seiner Schwingung alles abschütteln, was seiner Frequenz nicht entspricht, weil es vielleicht zu langsam oder zu schwer ist. So kann es sein, dass dir in den nächsten Tagen einiges klar wird oder in dir aufsteigt. Das ist ein Zeichen dafür, dass deine Energie sich hebt, dass du aus dem Schmerz immer weiter in das Feld der Liebe vordringst.

BITTE DAS Energiefeld erfüllter Liebe zu dir, aber lass es gleichzeitig frei, damit es sich so verwirklichen kann, wie es das will. Gehe davon aus, dass du noch nicht weißt, auf welche Weise es sich auf der Erde manifestieren möchte, dass du noch nicht weißt, wie es dann konkret aussehen wird. Lass also deine Vorstellungen darüber los, wie es sein soll, und bitte es, so zu kommen, wie es dich wirklich erfüllt, egal, was du glaubst, wie es das tun sollte. Du kennst diese Frequenz nicht, du warst da noch nie, du weißt wahrscheinlich einfach nicht, was dich tatsächlich erfüllt ... Und selbst wenn du es zu wissen glaubst, lass es bitte los, damit es sich so verwirklichen kann, wie es richtig ist ... Sei sicher, es wird besser sein als alles, was du dir ausdenken kannst.

KOMM NUN in deine Zeit zurück, bleibe aber verbunden mit dem Wissen und dem Bewusstsein, aus dem heraus du gerade eben die Dinge erlebt hast. Wir erweitern unser Bewusstsein, indem wir nicht mehr von Ebene zu Ebene schweben, sondern in allen Ebenen gleichzeitig bewusst anwesend sind.

 ÜBUNG: ZAUBERN

WENN DU ein bisschen zaubern willst, dann such dir ein Sinnbild für das, was du verwirklichen willst – ein Bild von einem glücklichen Paar, eine Statue (von Willow Tree beispielsweise gibt es wundervolle Paarskulpturen, die Vertrauen und Hingabe ausdrücken) oder ein Feng-Shui-Symbol. Du programmierst dich damit selbst um, denn jedes Mal, wenn du das Bild oder das Symbol anschaust, bekommst du dieses Gefühl, das du dir so sehr wünschst. Dein Emotionalkörper bekommt eine Vorlage, eine Blaupause, und lernt, wie es sich anfühlen soll, in einer erfüllten Beziehung zu leben. Außerdem wird alles in dir berührt, was der Liebe noch nicht vertraut oder nicht an sie glaubt. Es kann sein, dass du nun erst mal dein ganzes Misstrauen und deine Verachtung spürst. Deshalb ist es wichtig, dass du der dreizehnten Fee begegnest und dein Verhältnis zu ihr ein für allemal klärst.

 **MEDITATION 2: DER DREIZEHNTEN FEE BEGEGNEN**

EGAL, WAS die dreizehnte Fee nun mythologisch bedeutet, in dieser Meditation begegnest du ihr auf ganz persönliche Weise und erkennst, wie sie in deinem Leben wirkt und welche gute Kraft dahintersteckt.

ENTSPANNE DICH auf eine Weise, die dir angenehm ist, schließe deine Augen, und stelle dir bitte eine wunderschöne und sehr gesunde Landschaft vor. Es ist Nacht. Die Landschaft ist dir vertraut, und du fühlst dich sehr wohl an diesem magischen inneren Ort. Der Mond scheint, und die Sterne funkeln. Obwohl es dunkel ist, weißt du, du bist sicher und geborgen in dieser Natur.

DU ERKENNST einen gewundenen Pfad; er schimmert im Mondlicht. Er ist dir sehr vertraut. Du beginnst, ihn entlangzugehen. Auf deiner Wanderung begegnen dir Rehe und andere Nachttiere. Sie bleiben stehen, begrüßen dich und ziehen dann gelassen ihres Weges. Du gehst immer weiter, atmest den betörenden Duft der Nachtblumen ein, die sich weit geöffnet haben, lauschst den besonderen Geräuschen der Dunkelheit.

AUF EINMAL kommst du an eine Lichtung, die du nicht kennst, obwohl dir die Landschaft vertraut ist. Hier steht ein kleines Häuschen, es sieht einladend, aber auch ein wenig geheimnisvoll aus. Voller Vertrauen, denn du weißt, hier ist dir jedes Wesen und jede Energie wohlgesinnt, klopfst du an die niedrige Tür. Sie schwingt auf, und du trittst langsam ein. Staunend bleibst du stehen. Du befindest dich nun an einem wahrhaft magischen Ort. Du kennst ihn nicht, doch du weißt, er ist heilig und mystisch zugleich, voller Liebe und Kraft, aber auch voller gehüteter Geheimnisse und altem Wissen. Dein Herz schlägt schneller, du bist ein wenig aufgeregt. Dir ist auf einmal klar, hier wartet etwas ganz Besonderes auf dich.

AUS DEM Hintergrund tritt nun ein Wesen hervor, ein sehr rätselhaftes, kraftvolles, vielleicht weibliches Wesen. »Ich bin die dreizehnte Fee«, sagt es, »und ich trage die Geheimnisse des Lebens und des Todes. Wenn du mir dienen willst und mich als gute Kraft anerkennst, dann diene ich dir, indem ich dich als Frau kraftvoll und stark sein lasse, voller Selbstvertrauen und in der Lage, dein Leben wahrhaftig zu meistern, weil du die Geheimnisse kennst. Ich schenke dir meine gute Kraft, die Kraft des Wissens um Leben und Tod. Ich schenke dir Mut und Tatkraft, die Fähigkeit der Geduld, damit du den Dingen ihren Lauf lassen kannst. Ich schenke dir Gelassenheit, Klarheit und die Fähigkeit, deinen Weg auf der Erde voller Selbstbestimmung zu gehen und das, was du spürst und weißt, tatsächlich zu leben. Aber ich brauche dafür deine Bereitschaft, mir ein Opfer zu bringen.«

DU BIST vielleicht nicht sicher, ob du ihr Angebot annehmen möchtest, und bittest sie, dir zu zeigen, was sie meint. Sie gibt dir einen kleinen Schluck eines Zaubertrankes, der in der Mitte des Raumes in einem riesigen dampfenden Kessel kocht. Voller Vertrauen in das Wesen, denn auch wenn es Ehrfurcht gebietend aussieht, wirkt es doch zuverlässig und ehrlich, nimmst du den Zaubertrank an und trinkst davon. Augenblicklich durchströmt dich die Kraft der Selbstbestimmung. Du spürst, wie es ist, vollkommen in deiner weiblichen Kraft zu sein, wie es ist, dir selbst zu vertrauen, zu wissen, was du tief in dir weißt, und zu sagen, was du fühlst. Du spürst, wie es ist, ganz und gar heil zu sein, im Vollbesitz deiner geistigen, spirituellen und weiblichen Kräfte. Du erkennst das Geheimnis des Lebens und des Sterbens, dein Bewusstsein öffnet sich für einen Moment, und du erkennst die Kraft der dunklen weiblichen Seite, des dunklen Mondes, die uralte Hexenkraft, die sich der mystischen Gesetze der Natur bewusst ist und sie sich zunutze macht. Und du spürst, dass du diese Kraft unbedingt in deinem Leben haben willst, weil sie genau das ist, was dir fehlt, um ganz zu werden.

DU FRAGST die dreizehnte Fee, welches Opfer sie von dir verlangt, und sie wird sehr ernst. »Ich verlange Papas braves Mädchen«, sagt sie, und du weißt erst gar nicht, was sie meint. »Das bedeutet«, fährt sie fort, »dass du nicht mehr gehorsam sein kannst, wenn du mir dienst und meine Kraft in Anspruch nehmen willst. Du kannst nicht mehr den Männern gefallen wollen, es Papa recht machen und deine weibliche Urkraft verleugnen, um nicht aufzufallen. Ich verlange, dass du mir dieses kleine Mädchen gibst – dann bekommst du meine Kraft.«

DU ZÖGERST eventuell, weißt nicht, was du machen sollst, denn du möchtest bestimmt keinen Teil von dir opfern. Doch du spürst möglicherweise auch, dass du bereit bist, dich von der Rolle der braven Tochter zu lösen. Bist du es noch nicht, dann verneige dich vor der Fee, verabschiede dich und besuche sie wieder, wenn die Zeit für dich reif ist. Bleibst du aber, so geschieht nun Folgendes:

Auf einmal ist es, als zöge eine Gestalt an deinem Rock oder deinem Hosenbein. Du schaust dich erstaunt um – und da steht sie, Papas liebes Mädchen, genau so, wie dein Vater sich seine Tochter immer gewünscht hat. Es kann sein, dass du erst jetzt erstaunt oder auch erschrocken erkennst, wie du sein solltest, damit du wahrgenommen wirst. »Ich gehe gern zu der Hexe«, sagt das Kind und lächelt dich an. Und tatsächlich, du spürst, dass die beiden in Verbindung miteinander stehen, als kennten sie ein Geheimnis, das dir nicht zugänglich ist. Du nickst dem Kind zu, die dreizehnte Fee streckt die Arme aus, und das Kind läuft zu ihr. Augenblicklich verwandelt sich das Mädchen und wird zu einem freien Naturgeist. Vielleicht ist sie eine Elfe, eine Fee, ein Zwerglein oder ein anderes Naturwesen. Sie lacht dich sehr verschmitzt an, umarmt dann auch dich und verschwindet im hinteren Teil der Hütte, als wäre sie hier aufgewachsen. »DAS IST mein Kind«, sagt die dreizehnte Fee, »das Kind der Naturkräfte, der Erde. Es kennt alle Geheimnisse. Ich habe es dir zur Verfügung gestellt, damit du die Rollen spielen kannst, die du spielen wolltest. Nun bist du hier, um deine Kraft wieder in Empfang zu nehmen und hiermit bekommst du sie.«

NIMM NUN wahr, auf welche Weise du den Zaubertrank erhältst. Vielleicht bekommst du einen weiteren Schluck oder die Fee fächelt dir etwas davon in die Aura, vielleicht strömt der von der Kelle aufsteigende Dampf in dich ein. Die Kraft des Zaubertrankes beginnt nun, dich auszufüllen, fließt in jede Zelle, in all deine Auraschichten, in den Emotionalkörper, in den Mentalkörper ... sie füllt dich vollkommen aus. Dein Gehirn verschaltet sich so, dass dir das alte Wissen wieder zugänglich wird, auch wenn du jetzt noch gar nicht genau weißt, um welches Wissen es sich handelt. Du lässt dich durchströmen von der Energie der Naturkräfte, du erhältst Zugang zum Geheimnis von Leben und Tod, du bekommst deine weibliche Selbstbestimmung zurück, die Herrschaft über dein Leben als Frau. Du wirst nun nie wieder etwas tun können, nur um es jemandem recht zu machen, ohne zu spüren, dass du gegen deine innere Wahrheit handelst, aber das willst du nun auch nicht mehr. Immer stärker durchströmt dich die Kraft der dreizehnten Fee, und es kann sein, dass du zu lachen beginnst – alles ist auf einmal so einfach und klar. Altes muss gehen, und Neues kommt, das ist der Lauf der Dinge, das spürst du; und du erkennst, dass du den Rhythmen des Lebens vertrauen darfst, dass sie dir dienen, dich unterstützen und tragen ...

IN DEINER Zeit kommst du mit deinem Bewusstsein zurück in deinen Körper und in den Raum, in dem du dich befindest, doch du bleibst zugleich im Energiefeld der dreizehnten Fee, der dunklen, magischen weiblichen Kraft. Du erweiterst dein Bewusstsein und dehnst deine Aufmerksamkeit immer weiter aus, bis du deinen Atem spürst und dich recken und strecken kannst.

DIE FRAGE ZUM SECHSTEN SCHLÜSSEL

Die einzige, aber sehr umfangreiche Frage zum sechsten Schlüssel setzt sich aus mehreren zusammen. Sie lauten wie folgt:

- Was hat dir die dreizehnte Fee genommen? Welche Verluste hast du erlebt? Was hat dazu geführt, dass du dich nicht mehr traust, wahrhaftig und aus vollem Herzen zu lieben?

Du darfst die dreizehnte Fee ausdrücklich anklagen und ihr alles vorwerfen, was sie dir genommen hat. Du musst ihr weder verzeihen noch verstehen, warum sie das getan hat.

Lass dir ein paar Tage Zeit für die Beantwortung. Schreibe alles auf, was du je verloren hast – seien es deine Eltern, deine Lieblingspuppe oder ein geliebter Mann. Werte nicht. Was ein echter Verlust ist, entscheidest du selbst; dabei ist es völlig egal, ob es von außen anerkannt wird oder nicht. Wirf dieser dunklen Fee, die sich ungebeten in dein Leben gedrängt und verheerende Verwüstungen angerichtet hat, alles vor die Füße. Damit bekommen deine Verluste den ihnen angemessenen Platz; du kannst nun um sie trauern und endlich Wiedergutmachung in Form von Liebe und Fülle vom Schicksal fordern. Und erst dann kannst du dich mit dem Tod versöhnen, ihn als Kraft achten. Du musst ihn nicht lieben. Erkenne seine Energie an, dann verliert die dreizehnte Fee ihren Schrecken.

Der siebte Schlüssel

Als er gefragt wurde,
was es heiße, ein Liebender zu sein,
gab er zur Antwort:
Was immer du im Kopf hast, vergiss es.
Was immer du in der Hand hältst, gib es her.
Was immer dein Schicksal zu sein hat,
stelle dich *ihm.*

ABU-SA'ID-I ABU'L-KHAIR (967–1049),
PERSISCHER SUFI-MEISTER

*Wir geben uns voll und ganz dem erwachten Dornrös-
chen hin. Wir feiern die kosmische Hochzeit, dienen
unserer inneren Prinzessin, die nun zur Königin he-
rangereift ist, und damit der Schöpfung – und sonst
niemandem mehr.*

Nun, da wir im Besitz des sechsten Schlüssels sind, stehen
uns alle Energien in ihrer erlösten Form zur Verfügung;
jetzt kann Dornröschen endlich unseren Traummann in unser Leben ziehen – richtig? Das wird sie, aber in ihrer Zeit.
Der siebte Schlüssel, um den es in diesem Kapitel geht, ist
der Schlüssel des Neubeginns. Wir verlernen unsere alten
Verhaltensweisen und lernen neue kennen; wir lassen zu,
dass wir neu ausgerichtet werden. Es kann sein, dass du
ungeduldig wirst, meinst, es reicht, und endlich ankommen
willst. Ich verrate dir ein Geheimnis, liebe Seelenfreundin:
Du bist bereits angekommen. Von hier aus entfaltet sich dein
Leben auf völlig neue Weise. Wir lernen, Dornröschen und
ihren – und damit unseren eigenen – Schöpfungen zu vertrauen.

Du hast um ein Energiefeld von erfüllter Liebe gebeten.
Jetzt wird es Zeit, all die Männer, die dir deine innere Leere
füllen sollten, aus deinem System zu entlassen, damit Raum
entsteht. Du kannst dir sicher vorstellen, dass jeder Mann,
dem du nähergekommen bist, eine bestimmte Funktion
in deinem Leben erfüllen sollte. Damit das nicht – unbewusst – weiterhin geschieht, nutzen wir eine Formel, die in
den systemischen Familienaufstellungen nach Bert Hellin-

ger angewandt wird, um die Teilnehmer aus den Rollen zu entlassen, in die sie stellvertretend geschlüpft sind. Wir erlauben damit zugleich der dreizehnten Fee, die Spinnweben zu beseitigen, das Energiefeld zu reinigen, nur noch reine Liebe und Freiheit gelten zu lassen.

Die Lösungsformel:

ICH DANKE dir für all das Gute, das ich von dir bekommen habe. Ich nehme es mit in meine Zukunft und halte es in Ehren.
UND WAS du von mir bekommen hast, darfst du mit in deine Zukunft nehmen. Für das, was zwischen uns schiefgelaufen ist, übernehme ich meinen Teil der Verantwortung, und deinen lasse ich ganz bei dir.
UND JETZT darf es gut sein.

Wenn wir Dornröschen bitten, erfüllte Liebe in unser Leben zu weben, dann ist es ganz besonders wichtig, sehr sorgfältig zu beobachten, auf welche Weise wir verhindern, dass sie sich verwirklichen kann, welche alten Strukturen nahezu unbemerkt wieder zu wirken beginnen. Gerade jetzt brauchen wir die dreizehnte Fee besonders dringend, denn sie beseitigt immer wieder alles, was nicht Liebe ist, entfernt die künstlichen Anstrengungen des Prinzen, der es nicht besser weiß, und sie sorgt dafür, dass der energetische Raum frei bleibt. Wenn wir wirklich erfüllte Liebe erleben wollen, dann müssen wir aufhören, uns etwas anderes zu erschaffen, wir lassen die co-abhängigen, die magischen und die ängstlichen Bindungen los.

Was bedeutet das? Wir lassen alle Strategien fallen, wir tun nichts mehr, um einem Mann zu gefallen, wir tragen nichts mehr dazu bei, dass er uns liebt. Wir folgen bei allem, was wir tun, unserer inneren Stimme und unseren echten, klaren Impulsen, und zwar im Vertrauen darauf, dass Dornröschen uns alles in unser Leben webt, was wir brauchen. Wir lassen zu, nur durch unsere Impulse geführt zu werden und im Außen das zu tun, was unser Inneres uns sagt, weil wir wissen, dass Dornröschen uns den Weg zu einer erfüllten Liebesbeziehung weist und bahnt.

So weit, so gut. Das hört sich traumhaft an, nicht wahr? Ist es auch. Es ist nur leider wirklich schwierig, das umzusetzen. Denn jetzt melden sich unsere verletzten und verborgenen Gefühle, unsere tiefsten Ängste. Stelle dir vor, du lernst tatsächlich einen Mann kennen, nachdem du die Übung des sechsten Schlüssels durchgeführt hast. Du könntest eigentlich davon ausgehen, dass er mit einer anderen Mission in dein Leben tritt als all die Männer vor ihm, dass er nicht wie all die anderen einfach nur in die alten Wunden sticht, denn du lebst nun in einem anderen Energiefeld. Vielleicht spürst du tatsächlich, dass es sich mit diesem Mann anders anfühlt – weicher, irgendwie freier, nicht mehr so gefährlich und scharfkantig ... Du weißt schon, was ich meine, nicht wahr? Es ist eben nicht wie der alte, bedrohliche, aber sehr vertraute Tanz, sondern neu und anders.

Du stehst vielleicht singend unter der Dusche, hast gerade mit ihm telefoniert, dich mit ihm verabredet, fühlst dich glücklich und voller Hoffnung – bis sich ein alter Gedanke in deinen Kopf schleicht, das alte Misstrauen erwacht. Ganz unverhofft fällt er dich an, spricht mit der Stimme der Vernunft zu dir. Pass auf, warnt er dich, woher weißt du, dass es diesmal anders ist? Halte dich ein bisschen zurück, bleibe cool, zeige nicht, dass du glücklich bist, sei es am besten erst gar nicht – du weißt nicht, ob er nicht doch noch eine andere hat, ob er nur eine Affäre will, ob er nicht gar verheiratet ist und fünf Kinder hat. Was da spricht, ist natürlich nicht wirklich die Stimme der Vernunft, sondern die der Angst. Angst tarnt sich häufig, indem sie so tut, als wäre sie dein Verstand. Deine Vernunft würde dir jedoch mit Sicherheit raten, einfach einmal abzuwarten, offen zu sein und nicht gleich vom Schlimmsten auszugehen.

Plötzlich bist du ganz sicher, dass auch dieser Mann dich nichts als enttäuschen wird, du deutest alles, was er gesagt hat, so lange um, bis es dir wehtut und darauf hinweist, dass auch er dich nicht liebt, nie geliebt hat und nie lieben wird. Die Stimme der Angst, die sich der Stimme der Vernunft bedient, ist so zwingend und logisch, dass wir uns für gefährlich leichtsinnig und gutgläubig zu halten beginnen, wenn wir nun trotzdem weiterhin guter Dinge bleiben. Haben wir nicht schon so oft gehofft, und waren wir nicht so oft schon voller Zuversicht? Wie können wir wissen, dass es diesmal anders wird? Wie können wir unser Herz offenhalten, obwohl er vorhin einen so komischen Ton in der Stimme hatte? (Oder nicht oft genug beteuert hat, wie sehr er sich freut, uns zu sehen, oder erst in zwei Tagen Zeit hat oder, oder, oder ...) Es ist sicher sehr viel sinnvoller, sich zunächst einmal zu wappnen; wir können die Waffen ja immer noch

senken, wenn er sich als vertrauenswürdig erwiesen hat ...
Wir sind nun mal keine naiven Prinzessinnen mehr, wir sind
verletzt und dadurch klüger geworden, um viele Erfahrungen reicher, und wir wären doch verrückt, wenn wir diese
Erfahrungen jetzt nicht gelten lassen würden – oder?

Also setzen wir doch wieder unsere Maske auf; wir ru-
fen nicht an, um ihm nur mal schnell zu sagen, wie sehr wir
uns freuen, ihn kennengelernt zu haben; wir ziehen nicht
den besonders hübschen Rock an, den wir nur für ihn ge-
kauft haben, weil wir uns plötzlich schämen und uns einfach nur dumm vorkommen, peinlich, durchschaubar. Wenn
ein Mann merkt, dass wir Wert darauf legen, ihm zu gefallen, und dass wir uns freuen, ihn zu sehen, wenn ein Mann
merkt, dass er nicht um uns zu kämpfen braucht, weil wir
schon da sind – was passiert dann? Er verliert augenblicklich das Interesse, glauben wir, nicht wahr? Männer sind
Krieger und Jäger, und wir sind die Beute, also sollten wir
es ihnen nicht zu leicht machen, richtig? Spielen wir also
doch lieber wieder unser Spiel, lackieren wir uns die Nägel,
maskieren wir unser Gesicht, verbergen wir unser Herz.

Wir interpretieren das Verhalten der Männer und nutzen dabei die alten Erfahrungen als Anhaltspunkte, anstatt
wirklich zu spüren, was los ist, anstatt unserer Wahrnehmung zu vertrauen und das Energiefeld zu erkennen, in dem
wir uns gerade befinden. Denn Männer sind entwicklungs-
geschichtlich tatsächlich Jäger, das stimmt. Aber sie sind
noch etwas ganz anderes. Männer, liebe Seelenschwester,
sind, auch wenn es fast nicht zu glauben ist, fühlende, lebendige Wesen, die genau die gleiche Angst haben wie wir

selbst, nämlich zurückgewiesen, verletzt und abgelehnt zu werden. Sie arbeiten mit den gleichen Tricks. Sie halten sich zurück und warten, bevor sie sich öffnen, erst einmal ab, ob wir vertrauenswürdig sind. Sie scheinen vielleicht offen zu sein, aber nur, weil sie es so gelernt haben. Letztlich ist das jedoch bloß eine Art Balzverhalten, denn Männer wissen, dass sie uns ein bisschen was von sich zeigen müssen, damit wir uns für sie öffnen. Das echte Gefühl, das, was sie ihrer Ansicht nach schwach sein lässt und verletzlich macht, zeigen sie mit Sicherheit nicht.

Männer sind oft noch viel verletzlicher als wir Frauen, gerade weil sie weiter von ihren Gefühlen entfernt sind. Für uns ist es ein Leichtes, Beziehungen zu führen und über Gefühle zu reden, wir tun das den ganzen Tag, es ist unsere Welt. Die Welt der Frauen ist natürlicherweise ein soziales Gefüge, in dem das Miteinander großgeschrieben wird, ebenso das Füreinander-da-Sein und das Teilen. Anders hätten wir als Hüterinnen der Nachkommen nicht überlebt. Männer hingegen leben in der Welt der Konkurrenz, des Kampfes und des Besser-sein-Müssens, sie erlegen das Wild, und nur die Starken gewinnen.

Das mag sich heute alles ein bisschen anders darstellen, aber wenn du genau hinschaust, dann ist es noch immer so – und das darf es auch sein. Es sind natürliche Verhaltensweisen, und es steht uns nicht zu, darüber zu urteilen, denn jedes Geschlecht hat unterschiedliche Aufgaben in der Welt, unterschiedliche Energiefelder. Weder haben Männer das Recht, uns zu belächeln, wenn wir stundenlang telefonieren und unsere lebenswichtigen sozialen Kontakte pflegen, noch ist es uns gestattet, verächtlich und ein bisschen überheblich die Augenbrauen hochzuziehen, wenn er von den Kämpfen im Büro erzählt – falls er es denn tut. Über Gefühle zu reden gehört nicht zum Rollenverhalten eines Mannes, er muss dazu weit in weibliches Territorium vordringen. Ob dieses weibliche Territorium intern ist, also in ihm selbst liegt, oder extern, also tatsächlich die Welt der Frauen bildet, das sei mal dahingestellt, es ist jedenfalls weit weg von dem Ort, an dem sich sein Bewusstsein die meiste Zeit über aufhält.

Wenn ich mit Frauen über diese Unterschiede zwischen Männern und Frauen rede, schauen sie oft sehr ungläubig – Männer hingegen nicken sofort erleichtert. Wenn wir lernen wollen, zu lieben, dann wird es Zeit, dass wir unsere Vorstellungen über Männer, die nichts als Wunschträume oder aber enttäuschte Hoffnungen spiegeln, loslassen und schauen, mit wem wir es eigentlich zu tun haben.

Männer leben in einer anderen Welt als wir. Für Männer ist es ein ungleich größerer Schritt, sich in eine Beziehung zu begeben. Sie legen die Waffen nieder und die Rüstung ab, verlassen ihr eigenes Energiefeld und betreten die Welt der Frauen. Wir hingegen erweitern unser Energiefeld einfach ein bisschen und stellen einen Teller mehr auf jenen Tisch, den wir innerlich sowieso immer gedeckt haben – zumindest war es bislang immer so.

Wenn wir das wissen, dann wird uns klar, dass Männer mindestens genauso viel Angst haben wie Frauen. Haben wir Frauen Angst, verlassen, verletzt und enttäuscht zu werden, so befürchten Männer, sich in uns völlig aufzulösen, sich aufgeben zu müssen und nicht mehr sie selbst sein zu können. Absurd, das zu hören, nicht wahr? Doch das klingt nur deshalb so, weil unser Bild so anders ist – und so falsch. Wenn wir nicht erlauben oder wahrhaben wollen, dass Männer sich grundsätzlich von Frauen unterscheiden, dann haben wir das Prinzip der Schöpfung, der Dualität nicht verstanden, oder wir wollen es nicht anerkennen. Für die meisten Männer ist es ungefähr genauso schwer, über Gefühle zu reden, wie es für die meisten Frauen ist, genau das nicht zu tun, sondern die Dinge einfach mal so stehen zu lassen, wie sie sind. Wenn wir andauernd Dinge von ihnen fordern, die sie uns nicht geben wollen oder können (anstatt zu erkennen, was der wahre Wert und Gewinn einer Liebesbeziehung ist, nämlich gemeinsam ein völlig neues Energiefeld zu erschaffen, gerade weil wir so unterschiedlich sind), dann ziehen wir an ihnen, dann strengen wir uns an und geraten in co-abhängige Beziehungsmuster.

Wenn wir nun auch noch Masken aufsetzen und künstliche Spiele spielen, die nichts als unsere Angst verbergen sollen, dann ist die Chance, sich gegenseitig im Herzen zu berühren, verschwindend gering. Hören wir jedoch auf, uns zu verstecken, und zeigen uns, wie wir sind, dann umgehen wir auch die Spiele des anderen. Wir berühren uns direkt im Herzen, an dem Ort, an dem Wahrhaftigkeit, Klarheit und Liebe fließen.

Wenn du Spielchen mit einem Mann spielst, antwortet er dir auf der Ebene der Spielchen, weil dies das Energiefeld ist, das du anregst und ansprichst. Wenn du damit aufhörst, kann es sein, dass er dir gar nicht antwortet, weil er die

Ebene des Herzens noch nicht kennt. Aber dann kannst du weitergehen, du verlierst dich nicht in endlosen Graben-kämpfen um Liebe und Aufmerksamkeit, sondern bleibst offen für den Mann, mit dem du verwirklichen kannst, was du verwirklichen willst. Stuart Wilde sagt dazu in seinem Buch »Gotteskrieger«:

»Lass die Liebesbeziehungen los, und widme dich stattdes-sen der bedingungslosen Liebe. Das funktioniert weit bes-ser, und es tut nicht so weh wie eine Liebesbeziehung, weil du dabei nie das Gefühl hast, dass du jemandem gehörst oder dass du sie oder ihn besitzt.«

Lass uns noch ein Stück weiter gehen. Dann erkennen wir nämlich: Es gibt in Wahrheit keine Liebesbeziehungen. Es gibt nur Liebe – und sonst nichts. Alles andere sind abge-kartete Geschichten, die auf Absprachen beruhen, nicht auf echten geistigen Gesetzen. Wenn du dich der Liebe wahr-haft öffnest, dann wirst du mehr und mehr erkennen, dass du nichts, aber auch gar nichts kontrollieren, manipulieren oder festhalten kannst. Es gibt nichts, was du tun kannst, um beim Mann deines Herzens Liebe zu erwecken. Du bist existenziell machtlos, wenn du dich auf Liebe einlässt, we-der dein Ego noch deine Kontrollmechanismen greifen noch. Das zu erkennen ist, als fielest du frei durch das Weltall, nichts trägt, du kannst dich an nichts mehr festhalten. Du bist der Liebe vollkommen ausgeliefert, weißt nicht, wohin sie dich führt, was dich hält, wenn außen alles wegfällt. Du wirst mehr und mehr erkennen, was du alles bereit bist, für die Liebe zu tun, und du wirst es mehr und mehr lassen können – und müssen! –, weil du merkst, es ändert nichts, es hat gar keinen Sinn.

Vielleicht spürst du in dieser Zeit viel Traurigkeit, Hoffnungslosigkeit, denn etwas in dir stirbt: Es ist dein Ego, das erkennt, dass es nichts mehr zu einem erfüllten Leben beitragen kann. Dieses grundsätzliche Loslassen und dadurch Ausgeliefertsein ist für den Teil in dir, der sich getrennt von allem fühlt, fast nicht zu ertragen. Aber es führt dich in dein wahres Selbst, in dein Wesen, in deine echte Kraft und Hingabe. Und wenn in diesem Zustand Liebe fließt, ist sie stabil, die äußere Form ergibt sich dann von ganz allein.

Wenn du Dornröschen (die nichts anderes ist als die weibliche göttliche Kraft, die in dein Leben hineinfließen will) zu dienen beginnst, dann bedeutet das nichts weniger, als dass du nur noch deinem Herzen folgst, egal, was es von dir will. Du übergibst deine Angelegenheiten in jeder Minute der Führung einer höheren Kraft, nämlich der Kraft der Liebe. Du bittest die zwölf weisen Frauen, dich mit allem zu versorgen, was du brauchst. Und du erlaubst der dreizehnten Fee in jedem Moment, alles von dir zu nehmen, was nicht der Liebe dient. Das hört sich an wie ein sehr beängstigender Prozess, und das ist es auch. Aber wenn du dich daran gewöhnt hast, sofort alles loszulassen, wenn du merkst, du beginnst zu klammern, die Gedanken beginnen zu kreisen und die alten Ängste kommen, dann führt dich das Loslassen in eine ungeahnte Gelassenheit und Entspannung.

Das Werkzeug, das du mit diesem Schlüssel erhältst, ist das Zulassen all deiner Gefühle. Du erlaubst dir, alles zu fühlen, egal, was es ist, ohne darauf zu reagieren, also ohne egogesteuerte Lösungen zu finden. Du spürst die Angst, nicht geliebt zu werden, befürchtest, er könnte morgen oder in fünf Minuten sang- und klanglos aus deinem Leben verschwinden? Fühle die Angst. Nimm wahr, wie dein System zu toben beginnt, wie du bereits im Vorfeld versuchst, ihn loszuwerden, wie du dir überlegst, dass das sowieso nicht der richtige Mann für dich ist, und wie du jetzt schon weißt, dass es besser und vernünftiger ist, ihn auf der Stelle aus deinem Leben zu werfen. Bemerke das alles, reagiere aber nicht darauf, sondern übergib deine Angelegenheiten Dornröschen, also der Göttin in dir, und der dreizehnten Fee, entlasse den Mann aus den Rollen, die er in deinem Leben spielen soll. Auch und besonders aus der Rolle desjenigen, der dir zum x-ten Mal das Herz bricht. Erlaube ihm, das zu lassen, erlaube ihm, dich nicht zu verletzen, erlaube ihm, dich zu lieben. Lass dir die Angst nehmen, aber schütte nicht das Kind – ihn – mit dem Bade aus, nur weil du diese Angst nicht mehr spüren willst. Vertraue dem Energiefeld, das du dir selbst bewusst geschaffen hast, das du selbst in dein Leben gerufen hast! Erinnere dich: Du willst nur diese Angst nicht mehr. Den Mann dagegen willst du durchaus, oder? Und noch mal: Kümmere dich um dein inneres Kind ... denn meistens ist es seine Angst.

Die Idee, verlassen und verletzt zu werden, kann so zwanghaft sein, dass du von einer Minute zur nächsten von Glück in Trauer fällst, von der Verzweiflung über das sichere Verlassenwerden in die Gewissheit, dass du dich sowieso mal wieder irrst. Das ist das Chaos des Schmerzkörpers, des Teiles deines Emotionalkörpers, in dem der Schmerz und die Traumen gespeichert sind. Reagiere bitte nicht. Lass es zu, aber bleibe passiv. Das ist kein Impuls deiner weiblichen Seite, das ist Angst. Und wir reagieren nicht mehr auf Angst, jedenfalls nicht mehr auf die alte Weise. Unsere neue Reaktion sieht folgendermaßen aus:

Setze dich bitte hin, und erlaube dir selbst einmal, die Angst zu spüren. Wo im Körper fühlst du sie, wie fühlt sie sich an, was macht dein emotionales System? Atme bitte weiter … Entlasse den Mann aus allen Rollen (du stülpst ihm nämlich gerade die Rolle des Herzensbrechers über), rufe die dreizehnte Fee, damit sie alles von dir nimmt, was nicht echt ist (damit du immer wieder sicherstellst, dass du dich wirklich nicht in Wunschträumen verirrst, sondern dem Mann, wenn er dennoch bleibt, zu vertrauen lernst), und versichere Dornröschen, dass du ihr vertraust. Bestätige noch mal, dass du ein Energiefeld von Liebe und nur von Liebe zu verwirklichen bereit bist. Bitte genau hier um Heilung, damit sich die alten Verletzungen lösen können – sie werden aus dir herausgezogen, wenn du es zulässt. Mehr brauchst du nicht zu tun. Nutze bitte keine Techniken, die den Schmerz kontrollieren sollen, nichts. Lass ihn nur zu, und bitte die geistige Welt, deine eigenen Selbstheilungskräfte oder Gott um Heilung. Heilung bedeutet nichts anderes, als dass dein verzerrtes Energiefeld wieder auf die göttliche Ordnung der Liebe eingestimmt wird. Es kann sein, dass du das zehnmal am Tag machen musst. Aber nicht lange, es geht rascher vorbei, als du glaubst, wenn du dem Prozess vertraust.

Spätestens wenn du einen Mann kennenlernst, dabei bist, eine neue Beziehung einzugehen, kommen die alten Mangelprogramme wieder hoch. Und genau dann brauchst du die Zauberkraft von Dornröschen. Genau in dem Augenblick, in dem du ängstlich am Telefon sitzt oder befürchtest, dass er doch nicht so richtig in dich verliebt ist, sich doch auf keine Beziehung einlassen will. Versteck dich nicht hinter der Dornenhecke deiner alten Verhaltensweisen, sondern bleibe in der Energie der Liebe und Offenheit. Es kann sein, dass du dennoch oder gerade deshalb genau spürst, dass du eine Beziehung wieder beenden solltest, noch bevor sie überhaupt begonnen hat, aber nicht aus der alten Angst heraus, sondern weil du spürst, dass sie dir nicht den Raum von Liebe und Kraft bietet, den du dir nun wünschst.

Vielleicht aber rät dir deine klare innere Stimme, nicht wegzulaufen, sondern der Liebe Raum und eine Chance zu geben. Es ist wirklich sehr schwierig, sie zu hören, wenn du in einen Schock verfällst, weil der Mann etwas sagt, was dir Angst macht, weil du es zu kennen glaubst, oder weil du Angst bekommst, er könnte sich so rasch aus deinem Leben verabschieden, wie er gekommen ist.

Es kann passieren, dass du immer wieder in die alten Muster verfällst, in den Zweifel, in die Angst, in den Schmerz. Es kann passieren, dass sich der Prinz wieder selbstständig macht und eigenwillig handelt. Das macht nichts. Führe dich selbst immer wieder sanft in das Schloss zurück (oder lass dich führen). Es kann sein, dass du wie süchtig immer wieder in die Dornenhecke rennst, dir die Stacheln ins Herz drückst, weil der Schmerz so vertraut ist. Im Schloss selbst spürst du vielleicht so viel Freiheit und Weite, dass du überhaupt nicht damit umgehen kannst; oder aber du wirst im Schloss auch mit einem ganz anderen Schmerz konfrontiert, nämlich mit der grundsätzlichen Angst, nicht liebenswert zu sein. Die Dornenhecke ist so viel vertrauter, und du kannst irgendwie damit umgehen, es ist ein bekanntes Gefühl deines Emotionalkörpers, in den Dornen zu hängen. Sich dem eigenen Herzen zu stellen, offen zu bleiben, wenn ein Mann in dein Leben tritt oder gar wenn er noch nicht in dein Leben getreten ist, sich das Energiefeld noch nicht auf der Erde zeigt, ist ein langwieriger Prozess, und du hast Zeit zu üben. Du brauchst das noch nicht zu können.

Es gibt einen ausdrücklichen Unterschied zwischen deinen Emotionen, also den Gefühlen, die du so den ganzen Tag hast, und deiner inneren Stimme. Auch sie kann sich über ein Gefühl äußern, aber es ist ein tieferes Gefühl, eher ein inneres Wissen, keine emotionale Flutwelle, die alles überschwemmt und zerstört. Deine innere Stimme zu hören, macht dich ruhig, selbst wenn sie dir unangenehme Wahrheiten sagt; du entspannst dich, einfach, weil du die Wahrheit erkannt hast. Du spürst sie tief unten im Bauch, im so genannten Hochzeitskorb, in der Gebärmutter. Denn hier hütest du das Leben, und weil das so ist, erkennt sich das Leben selbst. Auch der Tod erkennt sich selbst in deinem Bauchraum. Deshalb ist es klug, dem Bauchgefühl zu vertrauen. Es weiß, ob eine Beziehung lebensfähig ist oder nicht, so, wie es weiß, ob ein Kind lebensfähig ist oder nicht. Die innere Unruhe tritt immer nur dann ein, wenn du noch nicht genau am richtigen Punkt bist, wenn du spürst, dass etwas nicht stimmt, was du noch nicht wahrhaben willst oder wobei du einfach noch nicht erkennst, was es sein könnte. Unterscheide also bitte sehr deutlich zwischen einer echten Eingebung, die sich klar, deutlich und kraftvoll anfühlt, und einer Entscheidung, die der Prinz trifft, weil er den Schmerz der Dornenhecke vorzieht. (Du kennst den Unterschied, o ja, du kennst ihn. Es ist nur dein Zweifel, der dir einredet, dass du nicht weißt, was deine innere Stimme ist.)

Wenn du dir trotz deines neuen Energiefeldes nicht wieder einfach nur das alte Drama erschaffen willst, ist es sehr wichtig, dass du Folgendes akzeptierst: Die erfüllte Liebesbeziehung (was immer »erfüllt« für dich heißt), die du dir wünschst, kann und darf nicht dazu dienen, die Wunden zu verdecken, die dir in deiner Kindheit zugefügt worden sind. Kein Mann der Welt kann dir das geben, was dein verletztes inneres Kind braucht. Wenn du dem nächsten Mann, den du kennenlernst, wieder die Rolle des Heilers, des Übervaters oder desjenigen überstülpst, der dir endlich all das geben soll, was du früher nicht bekommen hast, dann erschaffst du dir das Drama einfach neu.

Kümmere dich selbst um dein inneres Kind, suche es in dir auf, nimm es in den Arm, und sei für es da. Sage ihm, dass du es nie wieder verlassen wirst, und nimm ihm die Angst davor, allein zu sein, indem du selbst jetzt da bist.

Eine wahrhaft erfüllte Liebesbeziehung braucht, damit sie sich überhaupt entwickeln kann, eine neue Chance, sie darf nicht gleich einem Zweck dienen müssen. Sie ist vor allem keine Therapie, kein Trostpreis, kein Ausgleich für die vergangenen Verletzungen. Sie ist vielmehr ein Übungsfeld für neue Möglichkeiten, und je weniger Altlasten du mit hineinschleppst, um so größer ist die Chance, dass sie sich rasch verwirklicht. Sie konfrontiert dich ganz sicher mit allem, was in dir noch unerlöst ist, und das darf sie auch, der Mann ist aber nicht das Heilmittel. Stellst du jedem, den du kennenlernst, die gewaltige Aufgabe, endlich der liebende Vater für dein inneres Kind zu sein, dann wirst du erstens ganz schnell süchtig nach ihm, weil er dir gar nicht genug Energie geben kann (denn das verletzte innere Kind ist unersättlich, wenn es nicht bekommt, was es wirklich braucht, und das ist nun mal deine Liebe), zweitens ist er energetisch sehr rasch überfordert. Das alles ist nicht das, was dir Dornröschen in dein Leben webt, sondern das, was du hinzufügst, wenn du die Dornenhecke nicht hinter dir lässt. Ich erzähle dir, was ich damit meine:

Es gab einmal einen sehr unentschlossenen Mann in meinem Leben, dem ich ein Dreivierteljahr lang eine echte Chance einräumte. Er wusste nicht, ob er überhaupt eine feste Beziehung wollte oder nicht; er wusste auch nicht, ob sein Gefühl für mich jemals Liebe werden konnte. Er hatte Angst, mich zu verletzen, sagte er, und er hatte Angst, mich zu verlieren, falls er bemerken sollte, dass er mich doch nicht so liebte, wie ich das gerne hätte. Außerdem hatte er im Moment so viel Arbeit (er war gerade befördert worden, worauf er lange hingearbeitet hatte), dass er mir andauernd absagen musste. Ich hingegen hätte ihn gleich geheiratet, nur, damit ich ihn sicher in meinem Leben gehabt hätte und er mir nicht mehr hätte entkommen können, denn mein inneres Kind brauchte ihn wirklich dringend. Ich kannte ihn kaum, aber ich brauchte ihn bereits. Das hört sich nicht sehr gesund an, nicht wahr? War es auch nicht. Es war total co-abhängig, also beziehungssüchtig. Das war mir auch damals schon vollkommen klar. Ändern konnte ich es aber nicht. Gleichzeitig wusste ich, dass in seinem System Liebe mit Schmerz gekoppelt war; das heißt, er spürte erst dann, dass er jemanden liebte, wenn er den Schmerz, den anderen zu verlieren, wahrnahm. Das hatte er mir in abgemilderter Form einmal wörtlich gesagt: Er erkenne erst dann, wie wichtig jemand für ihn ist, wenn er Gefahr laufe, ihn zu verlieren. Was sollte ich dazu sagen? Und was sollte ich jetzt tun? Ich hatte mehrere Möglichkeiten.

Ich wusste, wie ich ihn manipulieren konnte. Ich brauchte mich bloß ein paar Tage konsequent nicht zu melden, dann würde sein alter Apparat anspringen, und die alten Programme würden beginnen zu laufen. Konnte sein, dass er dann merkte, dass er mich liebte, konnte auch sein, dass er merkte, er vermisste mich nicht, jedenfalls wüsste ich es dann. Aber stimmte das? Wüsste ich es dann wirklich? Ich wüsste nur, wie seine alten Programme auf mich reagierten, sonst nichts. Ich wüsste nichts über sein Herz, nichts über das Neue, das vielleicht zwischen uns entstehen könnte. Dieses Spiel schied also schon mal aus, und zwar allein deshalb, weil es das hoch schwingende Energiefeld von Liebe schwächte und meine Angst und seine Muster bediente.

Die zweite Möglichkeit war: Ich hielt das Energiefeld offen, gab dem Ganzen Raum, war aufmerksam und voller Verständnis und spürte, wie es sich anfühlte, erkannte, welche Impulse von innen kamen, und unterschied, ob es meine Angst vor der möglichen Zurückweisung war, die mich beschäftigte, oder ob die Liebe in dieser Konstellation tatsächlich keine Chance hatte. Ich blieb sehr wach und ließ ihm viel Raum, machte keinen Druck, zeigte weder meine Enttäuschung, wenn er sich mal nicht meldete, noch meine Angst, ihn zu verlieren, weil sie ja mit mir zu tun hatte, nicht mit ihm. Das alles klang vielleicht sehr spirituell, war aber (in meinem Fall) letztlich eine Opferhaltung, weil es sich nicht gut anfühlte, sondern viel zu kontrolliert.

Die dritte Möglichkeit war, das Ganze auf der Stelle zu beenden, weil es nicht genau das war, was ich haben wollte, es spiegelte immer noch Mangel und Angst, noch nicht die Liebe und Fülle, die ich in mein Leben gebeten hatte. Es war schon sehr viel näher dran an dem, was ich gern gehabt hätte, als alles, was ich zuvor mit einem Mann erlebt hatte, aber es war noch lange nicht das Energiefeld von Liebe und Fülle, das ich mit einem Mann teilen wollte. Das klang auch toll, sehr klar und bestimmt, aber es war eine Täterhaltung. Ich erschuf nichts, sondern ich würde etwas wegwerfen. Es war eine emotionale Reaktion, keine echte innere Anweisung. Außerdem war das mein altes Muster, ich war sehr schnell im sogenannten Loslassen (also im Wegwerfen), gerade weil ich früher immer viel zu lange festgehalten hatte.

Also, was sollte ich tun? Ganz ehrlich – lange Zeit wusste ich es nicht. Ich war hin- und hergerissen zwischen Möglichkeit zwei und drei. Beide fühlten sich auf ihre Weise richtig an, die eine weit und frei, aber auch irgendwie nach Opfer, die andere klar und eindeutig, aber auch schmerzhaft, zu scharf. Ich konnte nur immer wieder feststellen, dass ich nicht in der Lage war, klar zu entscheiden – und deshalb entschied ich auch nicht. Ich wollte keine voreiligen Schlüsse ziehen, ich gab den Konflikt nach innen ab, ich bat Dornröschen, mir Klarheit zu schenken und mir zum richtigen Zeitpunkt die richtigen Worte oder Ideen zu geben. Der Prinz in mir, der aktive Teil, der die Situation am liebsten sofort geklärt hätte, musste sich ruhig verhalten, bis ich klare innere Anweisungen hatte. Es konnte auch sein, dass ich spüren würde, dass ich mit ihm reden musste, ich wusste es tatsächlich nicht. Nichts davon jedenfalls fühlte sich so an, dass ich ruhig und klar wurde, das war alles irgendwie noch nicht so ganz richtig. Also machte ich nichts. Einfach nichts. Ich hielt die Spannung aus und blieb offen für das, was meine innere Führung mir sagte.

Es gab nämlich noch eine vierte Möglichkeit. Ich konnte ihn aus der Rolle desjenigen entlassen, der für immer für mich da sein sollte, der mich retten und mich für immer lieben und ehren sollte, und ihn wieder freigeben. Ich hatte ihm nicht diese Rolle auferlegen wollen, das war ganz automatisch passiert. Wenn einer daherkam, der Interesse an mir hatte, dann sprang mein inneres Kind glücklich im Dreieck und hoffte, dass Papi endlich doch für immer bei mir bleiben würde. Das war wie eine Sucht. Es war ein solcher Sog in mir, eine solch mächtige Wunde, dass es mir fast nicht möglich war, nicht abhängig von einem Mann zu werden, der mich mochte und für mich da sein wollte.

Ich schlug meinem Bekannten also vor, dass wir uns eine Weile nicht sehen, aber dennoch in Verbindung bleiben sollten. Erstens, damit ich mal wieder auf meinen eigenen inneren Platz zurückgehen konnte, und zweitens, damit er sich um seinen beruflichen Kram kümmern konnte, es bereitete ihm nämlich wirklich Stress, mir immer wieder absagen zu müssen, weil er keine Zeit hatte. Damit schützte er natürlich auch seine Energie, und das leider zu Recht. Wir brauchten ein bisschen Abstand, gerade weil ich bereits zu klammern begann, obwohl das mit Sicherheit nicht das war, was ich wollte.

Wenn es zwischen uns Liebe wäre, dachte ich, dann finden wir wieder zusammen, wenn nicht, dann war es sowieso besser, es gleich gehen zu lassen. Alles war besser als das Spiel, das wir gerade begonnen hatten.

Das Leben, Dornröschen, die Liebe selbst würden mir das schicken, was ich brauchte und was gut für mich war, und ich brauchte nichts mehr dazu beizutragen, das wusste ich. Ich vertraute meinen eigenen Schöpfungen, dem, was ich mir auf der hohen Ebene des Seelenplanes erschaffen hatte, und besonders dem, was die göttliche Kraft, die nichts als Liebe ist, für mich vorgesehen hatte. Es genügte, das spürte ich, wenn ich alles immer wieder freigeben, um Heilung bitten und die Würfel fallen lassen würde, wie sie fallen wollten. Ich wollte unterscheiden lernen zwischen dem, was wirklich zwischen uns beiden war, und dem Moment, in dem einfach mein altes, verletztes System berührt wurde – und das wollte ich dann gehen lassen, wollte an allerhöchster Stelle um Heilung bitten. So meine Entscheidung. Und so war es.

Wenn du Dornröschen zuhörst und nicht deiner Angst, weil du bereit bist, wahrzunehmen, was passiert, und weil du der dreizehnten Fee vertraust, kann alles nur gut werden, wie immer das dann aussieht, sagte meine innere Stimme. Die Fee wird nur das wegnehmen, was nicht der Liebe dient – das aber endgültig.

Denn hier kam gleich die nächste innere Hürde: Als ich mich nun ein bisschen zurückzog und ihm Raum gab, spürte ich den nächsten Schmerz. Ich hatte kein Vertrauen, dass mich jemand lieben könnte, wenn ich nicht alles hineingab, was ich hatte. Wenn ich einmal nichts machte, keine Energie hineinfließen ließ, sondern einfach abwartete – was könnte jemand dann noch von mir wollen? Das war eine neue, noch tiefere Schicht von Co-Abhängigkeit. Ich hatte kein Vertrauen, dass mich ein Mann auch dann wahrnahm oder sich gar in mich verliebte, wenn ich nicht andauernd vor seiner Nase herumtanzte und hilfreich, sexy oder liebevoll war, am besten alles gleichzeitig. Ich hatte Angst, dass das Energiefeld zwischen uns gleich wieder zusammenbrechen würde, wenn ich es nicht mühsam und unter Aufbietung all meiner Liebe und Kraft aufrechterhielt.

Nur wenn du dich anstrengst und sehr präsent bist, nimmt dich Papi wahr, zumindest glaubte ich das. Egal, ob das stimmte oder nicht, solange mein inneres Kind davon überzeugt war, war das nun mal die Brille, durch die ich die Welt betrachtete. Als ich anfing, mein inneres Kind zu heilen und mich dem Schmerz darüber, dass mein Vater mich nicht auf die Weise wahrgenommen hat, die ich gebraucht hätte, (und außerdem ein paar Ahnenthemen) stellte, konnte ich diesen Mann endlich gehen lassen. Denn natürlich ging er. Denn ein Mann, der dich wirklich will, ruft an, trifft sich mit dir, egal, wie viel Zeit er hat. Ganz einfach, weil er weiß, wie kostbar du für ihn bist. Heute weiß ich das.

Und dennoch gehört diese Erfahrung unbedingt zu mir, denn ich schaute mir selbst dabei zu, wie ich ein Muster nach dem anderen abfuhr. Heute würde ich mit einem unentschlossenen Mann nicht einmal mehr Kaffeetrinken gehen. Aber mein inneres Kind braucht eben auch keinen Vaterersatz mehr.

Das Leben wird dir geben, was du brauchst, wenn du deine weibliche, empfangende Seite lebendig werden lässt und als stabile Kraft in deinem Leben anerkennst. Tust du das nicht, musst du dir alles erkämpfen, weil du nichts empfangen kannst, es kann einfach nicht in dein System hineinfließen. Was kommt, wird nicht immer das sein, was du haben willst. Aber es ist immer das, was dich tief erfüllt, wenn du bereit bist, dich auf allen Ebenen berühren und heilen zu lassen. Nur wenn du darauf bestehst, immer wieder in den alten Wunden zu stochern, immer wieder das alte Drama neu zu erschaffen, wirst du dich weiter im Kreis drehen. Wenn du aber im Herzen ankommst und dein Handeln von dort aus gelenkt wird, wenn du Dornröschen zuhörst und ihren Impulsen folgst, wenn dein innerer Prinz sie heiratet und ihr nun dient, also nur noch das tut, was sie ihm in Form einer klaren inneren Stimme aufträgt – dann wird dir alles begegnen, was du brauchst, um erfüllt und glücklich zu sein.

Anders geht es gar nicht, denn die göttliche Schöpfung ist ein Erfolg, und du bist ein Teil davon.

Wenn das männliche und weibliche Prinzip in dir selbst zum Ausgleich kommen, dann findest du innerlich auf eine Weise Ruhe, die du dir nicht vorstellen kannst, wenn du es nicht erlebt hast. Das bedeutet nicht, dass du dann nicht immer noch einen Mann an deiner Seite haben willst. Aber du brauchst ihn nicht mehr, um in dir stabil zu sein, sondern willst Teil eines größeren Ganzen werden, um etwas Neues zu erschaffen.

Julia Cameron sagt in ihrem Buch »Der Weg des Künstlers«, dass wir zunächst die kleine Form füllen müssen, bevor sich unsere Kreativität in die nächst größere Form ergießen kann. Genau so ist es in unserem Falle auch. Wenn in dir selbst Yin und Yang, Gott und Göttin, deine beiden Gehirnhälften, deine empfangende und deine gebende Seite im Ausgleich sind, dann hast du die innere Form gefüllt. Du bist ganz geworden. Wenn du nun einen Mann triffst, geschieht dieser Ausgleich in der nächst größeren Form, im nächst größeren Energiefeld, das ihr gemeinsam erschafft. Du ziehst keine Energie von ihm ab, um selbst erfüllt zu sein, sondern du wirst nun zum Yin-Teil eines größeren Feldes. Das geht aber nur, wenn du in dir stabil geworden bist. Dann suchst du den Mann nicht mehr als Ausgleich für all das, was du in dir nicht entwickelt hast, sondern um ein neues Energiefeld zu schaffen, einen Raum, in dem du die Rolle der Hälfte eines Paares spielst. Es setzt voraus, dass du selbst ganz bist, erst dann kannst du die Hälfte (oder überhaupt ein funktionierender Teil) eines größeren Systems sein. Dann fließen beide Energien komplett mit ein, keiner zieht dem

anderen etwas ab oder nimmt ihm etwas weg, ihr braucht
euch nicht, um heil zu werden, sondern das Energiefeld der
Beziehung braucht euch beide, damit es etwas Neues gebä-
ren kann – ob das nun ein Kind ist oder eine wie auch immer
geartete neue Frequenz.

Wenn du eine heilige Beziehung eingehen willst, eine Liebesbeziehung mit einem Mann, der nicht einfach nur deine
Wunden verdecken soll, sondern mit dem etwas Größeres
entstehen darf, dann bekommst du vom Universum selbst
eine Aufgabe gestellt. Ihr erschafft, eröffnet einen vollkommen neuen Raum, eine neue Musik, ein Stück, das es so noch
nie gab und das dem Leben eine völlig neue Melodie hinzu-
fügt. Eine Melodie, deren einzelne Töne wie Möglichkeiten
sind, wie neue Schöpfungen: euer gemeinsames Haus, euer
gemeinsames Kind, alles, was ihr gemeinsam erschafft,
plant und erlebt. Ein neues Feld entsteht, eine neue Farbe,
es ist, als würde eine neue Form möglich werden durch das,
was ihr gemeinsam aufbaut. Und so ist es ja auch, denn gibt
es eine neuere und reinere Form als ein Kind? (Das heißt
nicht, dass eine Beziehung unbedingt ein Kind hervorbrin-
gen soll, natürlich nicht, aber du erkennst daran, dass ihr
das könnt, wie kraftvoll und wie besonders das Energiefeld
ist, das ihr gemeinsam erschafft. Und wenn wir genau hin-
schauen, dann muss eine Beziehung doch ein Kind hervor-
bringen, wenn sie stabil werden soll, wie auch immer dieses
»Kind« dann aussieht, welches Projekt diese Funktion auch
übernimmt.)

Gerade weil du innerlich nun den Ausgleich hergestellt
hast, kannst du Teil der nächstgrößeren Form werden – ja
sogar nur dann. Und weil das Universum keine Möglichkei-

ten verschwendet, wird es sofort neue Verbindungen knüpfen und dich an eine Stelle in deinem Leben bringen, an der du nun die nächste Aufgabe übernehmen kannst, sodass du noch mehr Liebe und Freude auf diesen Planeten bringen kannst. Auf diesen Planeten und in die gesamte Schöpfung.

Was ist energetisch durch die sieben Schlüssel passiert? Zu Beginn deines Weges war dein Herzchakra, das Energiezentrum in der Mitte deiner Brust, sehr fein und weich, sehr verletzlich und empfindsam. Das ist es jetzt immer noch – aber nicht nur. Du hast dadurch, dass du diesen Weg gegangen bist, eine Frequenz dazubekommen und die Schwingung der irdischen Realität stabil im Herzen verankert. Du hast dein Herz aus den Bereichen der feinstofflichen Energien auf die Erde geholt; es ist nun strukturierter, kraftvoller und in der Lage zu lieben, auch wenn die irdischen Gesetzmäßigkeiten oder Umstände dich zu verletzen scheinen. (Das heißt nicht, dass du dir nun alles gefallen lässt, das verstehst du, oder?)

Wenn dein Herz auf der Erde angekommen ist, dann bist du in der Lage zu lieben, ohne dich im Strudel deiner Gefühle zu verlieren. Dein Herzchakra hat nun Struktur, es kann die starken Energien von sexueller Anziehung und Begehren genauso verarbeiten wie die sehr feinen Schwingungen spiritueller Liebe. Das Herzchakra ist die Schaltstelle zwischen den sehr feinstofflichen oberen drei Chakren, die für den Selbstausdruck, die Intuition und die spirituelle Anbindung an eine höhere Kraft zuständig sind, und den unteren drei Chakren, mit denen du in der Welt bestehst. In den unteren

Chakren geht es um deinen Willen, um deine körperliche Lebensenergie und um irdische Schöpferkraft, die Entschlossenheit, mit der du deine Träume aktiv und zielgerichtet in die Tat umsetzt. Das Herz verbindet diese Ebenen, wenn es stabil ist. Ist es das nicht, dann kann es mit den Gefühlen, die bestimmte irdische Umstände und Gegebenheiten in dir hervorrufen, nicht umgehen. Es schließt sich, und du wendest dich innerlich ab, wenn deine Gefühle dir zu nahekommen oder zu schmerzhaft werden.

Nun aber ist dein Herz widerstandsfähig geworden, es braucht sich nicht mehr zu verschließen, wenn dich etwas verletzt, du kannst die Verletzung spüren und dennoch offenbleiben. Dein Herz tut dann weh, ja, aber du bleibst innerlich anwesend und in der Liebe. Du verlässt energetisch nicht den Raum, sondern bleibst am Tisch sitzen; du rennst nicht schreiend aus dem Schloss, sondern bleibst, wo du bist, und hältst dem Schmerz stand. Dadurch kann die unermessliche Kraft der Liebe weiterfließen. Die Situation kann sich ändern, du bleibst offen und in der Liebe und damit angebunden an die größte Kraft, die es im Universum überhaupt gibt. Die Kraft und Ruhe, die du findest, wenn du in deinem Herzen bleibst und nicht deinem aufgeregten oder verletzten Emotionalkörper folgst, trägt dich durch alle Schwierigkeiten, sie ist stabil und innerlich, nicht mehr instabil und äußerlich, nicht abhängig von äußeren Umständen.

Und du hast eine weitere Kraft dazugewonnen: deinen Schoßraum. Du bist in deinem Bauch angekommen. Und hier spürst du ganz genau, was Sache ist, wenn du einen Mann kennenlernst.

Wenn »er« sich jetzt drei Tage nicht meldet, dann bleibst du bei dir, du spürst, was dadurch in dir passiert, du verlässt aber nicht mehr deine Mitte. Das heißt nicht, dass du glücklich darüber bist, es kann sehr wohl sein, dass es dir genau so wehtut wie zu Beginn des Weges. Du kannst dem Schmerz nun aber standhalten, er wirft dich nicht um, du brauchst nicht zu flüchten, und du gerätst nicht in Panik. Es tut einfach weh, aber mehr nicht. Du bleibst mit deiner Aufmerksamkeit bei dir, spürst den Schmerz, spürst vielleicht auch, dass dieser Mann nicht gut für dich ist. Vielleicht aber verstehst du auch, was passiert, und du bekommst aus inneren Bereichen Informationen, die du nicht hören könntest, wenn du in Panik um dich hauen oder ihm die Tür vor der Nase zuschlagen würdest. Verstehst du? Du bleibst bei dir und kannst die Situation deshalb viel besser einschätzen und verstehen, brauchst nicht mehr aus der Dornenhecke heraus zu agieren, nicht mehr trotzig, zornig, verletzt oder hochmütig zu sein. Du spürst, was du spürst, und bleibst offen für die weiteren inneren Impulse, ganz ohne Wertung und ohne die alten Programme ablaufen zu lassen. Das gibt dir eine ungeheure Kraft, dich dem Leben und der Liebe zu stellen, dir kann einfach nichts mehr passieren, weil du dich selbst nicht mehr verlierst.

Das zarte Pflänzchen, als das du dein Herz zu Beginn sicherlich oft empfunden hast – viel zu fein und liebevoll für diese Welt –, ist nun ein großer, stabiler Baum geworden, der Wurzeln hat und Früchte trägt. Er kann einem Sturm standhalten und bietet auch anderen Schutz. Immer noch ist dein Herz sehr feinfühlig und liebevoll, aber es ist nicht mehr nur zart, nicht mehr nur empfindlich. Hast du dich manchmal gefragt, wie andere Frauen bestimmte Situationen aushalten können, ohne dabei ihr Herz zu verschließen? Nun kannst du es auch.

Du hast die Fähigkeit, zu lieben, egal, was passiert, auf die Erde geholt. Zu den zarten Farben, dem lichtvollen Hellgrün und dem lieblichen Rosa, deines Herzchakras sind neue Frequenzen hinzugekommen: klares, kraftvolles Grün, leuchtendes Pink, strahlendes Gold. Dein Herzchakra ist nicht länger wie eine hauchfeine Energiewolke, die sich leicht verwirbeln lässt und deshalb geschützt werden muss, sondern ein stabiles Werkzeug, das die Frequenz der Liebe trägt und sie in alles einfließen lassen kann, was dir begegnet. Du kannst aus dem Herzen heraus flexibel auf alles, was in dein Leben tritt, reagieren, das allzu zarte, leichte innere Engelchen ist zu einem großen, leuchtenden, Sicherheit gebenden Engel herangewachsen.

Willkommen auf der Erde! Wie wunderbar, dass du dieses strapazierfähige, starke Herz mitbringst! Wir brauchen es dringend.

Übungen zum siebten Schlüssel

 ENTLASSUNGSÜBUNG

STELLE DIR bitte den Mann vor, den du aus seinen alten Rollen in deinem Leben entlassen willst. Wenn du magst, kannst du z.B. zwei Kissen auf den Boden legen oder zwei Stühle einander gegenüberstellen und dich ihm im Geiste gegenübersetzen. Nun sprich folgenden Satz leise oder laut aus:

»ICH DANKE dir, dass du in meinem Leben die Rolle des ...« (Wer war er? Füge ein, was er dir deinem Gefühl nach angetan hat oder wozu er herhalten musste. Was sollte er dir zeigen und spiegeln?) »... erfüllt hast. Ich entlasse dich nun aus dieser Rolle. Du gehst zurück in dein eigenes Leben und bist ganz und gar du selbst. Nimm bitte den Platz in meinem Leben ein, der dir entspricht und der für dich richtig ist. Ich verneige mich vor dir und danke dir.«

DIESE ÜBUNG kannst du auch machen, wenn du einen neuen Mann kennengelernt hast und spürst, dass du in deine alten Programme zurückfällst und ihm deine Muster aufzwingst. Entlasse ihn immer wieder aus der Position, in die du ihn gerade stellen willst, erlaube ihm ganz und gar, das in deinem Leben zu sein, was er nun mal ist – nicht das, was du gerne hättest oder aber befürchtest.
BESONDERS WICHTIG ist es, dass du diese Übung (im Geiste) mit deinem Vater durchführst. (Wenn du sie tatsächlich mit ihm durchführen kannst, wenn er dir also wirklich gegenübersteht, dann ist das natürlich ein ganz besonderes Geschenk. Aber es genügt vollkommen, wenn du ihn dir vorstellst.) Spüre den Schmerz, wenn du ihn aus der Rolle entlässt, denn damit gibst du auch die Hoffnung auf, er könnte dir jemals das geben, was du haben willst. Diese Übung

öffnet deine inneren Räume, damit dort endlich das hineinfließen kann, was du wirklich brauchst.

UND WENN du schon dabei bist, dann versuch doch auch
Folgendes:

ENTLASSE DICH selbst aus der Rolle, die du bei all den verschiedenen Männern oder auch bei immer wieder demsel-
ben Mann vergeblich zu spielen oder auszufüllen versucht
hast. Entlasse dich aus der Rolle der idealen Tochter, der
perfekten Geliebten, der hingebungsvollen Ehefrau, der
guten Freundin, und erlaube auch dir, zurück in dein eigenes Leben zu gehen und ganz und gar du selbst zu sein. Der
Mann, der zu dir gehört, kommt von ganz allein und bleibt
auch von ganz allein. Du musst für ihn weder deinen inneren
Platz verlassen noch etwas sein, was du nicht bist, also hör
doch einfach auf damit.

 MEDITATION 1: DEN SCHMERZKÖRPER LOSLASSEN

(Der Schmerzkörper ist ein Teil des Emotionalkörpers; in
ihm sind die Traumen und all die emotionalen Verzerrungen
gespeichert. Um ihn zu erlösen, wechseln wir kurz die Szene
und nutzen das Märchen der Schneekönigin.)

STELLE DIR bitte vor, in deinem Herzen gäbe es einen Ort,
der aussieht wie ein wunderschöner, großer Eispalast. Er ist
zauberhaft, glitzernd und funkelnd und macht den Eindruck

eines faszinierenden Ortes. Zwar schimmert hier alles verführerisch und geheimnisvoll, doch letztlich gibt es nur Kälte, nur blitzendes Eis und Schnee – und einen Zauberspiegel. Wenn du in diesen Spiegel schaust, dann siehst du dich völlig verzerrt, du erkennst nicht mehr, wie schön du bist und wie liebenswert. Du siehst dich nicht mehr mit den Augen der Liebe, sondern denen des Schmerzes, du siehst nur noch das, was dir an dir nicht gefällt.

ÜBERALL IN diesem Eispalast schwirren Spiegelstückchen herum, kleine Kristalle, die die gleiche Kraft besitzen wie der Spiegel selbst. Diese kleinen Splitter setzen sich in die Augen und Herzen derjenigen, die sich hier zu lange aufhalten. Weil es hier so kalt ist, schmelzen die kleinen Splitter dort nicht, sondern verzerren die Gefühle und Wahrnehmungen immer mehr.

NUN SIEH dir deinen Eispalast bitte genau an, und schau, ob es ein oder gar mehrere kleine Kinder gibt, die sich hier aufhalten. Es kann sein, dass eines fast erfroren in der Ecke sitzt, ein anderes rennt vielleicht herum und versucht, sich zu wärmen, ein weiteres steht wie gebannt vor dem riesigen Zauberspiegel und kommt nicht von dem entstellten Bild los, das dieser ihm zeigt. Vielleicht nimmst du ein Kind wahr, vielleicht sind es auch viele, vielleicht auch gar keins, aber du selbst bist plötzlich wie gebannt – schaue einfach in aller Ruhe, was passiert, und erlaube dir, die Gefühle zu spüren, die in dir aufsteigen.

WENN DU alles wahrgenommen hast, dann führe das Kind oder all die Kinder liebevoll aus dem Eispalast hinaus – und sieh nach, ob sie vielleicht Splitter des Zauberspiegels in den

Augen oder im Herzen haben. Zieh diese Splitter vorsichtig und sorgfältig heraus, falls sie nicht von allein schmelzen, nimm die Kinder an der Hand, und führe sie in die Sonne, auf eine Blumenwiese, ans Meer oder an einen anderen Ort, an dem sie sich wohlfühlen.

NUN ÖFFNET sich die Kammer deines Herzens, die du schon kennst, die Kammer, aus der reine, unverfälschte Liebe fließen kann. Diese Liebe beginnt nun, in den Eispalast hineinzuströmen – und nach und nach schmelzen sowohl alles Eis als auch der Zauberspiegel. Das kann ein bisschen dauern, je nachdem, wie groß der Eispalast ist ...

ERLAUBE DEM Prozess einfach, in dir stattzufinden. Beschleunige ihn nicht, sondern lass ihn ganz von allein geschehen. Schau, worein sich der Eispalast verwandelt, wenn er zu schmelzen beginnt – vielleicht wird er zu einem Zauberreich, vielleicht ein wunderschöner Prinzessinnenpalast, vielleicht auch etwas ganz anderes, z.B. eine Schlittschuhbahn oder eine Kristallhöhle.

DER SCHMERZKÖRPER, der von hier aus genährt wurde, kann sich nun entspannen und aus dir herausgezogen werden. Das kann aussehen wie ein Netz, das aus dir entfernt wird, oder wie ein Nebel oder ein Schatten. Eventuell verwandelt er sich auch in einen leichten und lichten Teil deiner Gefühlswelt. Auf jeden Fall aber entsteht ein zauberhafter, sehr warmer Ort in deinem Herzen. Es kann sein, dass nun noch ein anderer Seelenanteil in dich hineinströmen möchte, einer, der nur darauf gewartet hat, endlich auf der Erde zu sein.

LASS GESCHEHEN, was geschehen will, und vertraue darauf, dass alles zu dir kommt, was du brauchst, um erfüllt und glücklich zu sein. Dann komme langsam mit deiner Aufmerksamkeit zurück in deinen Körper, bleibe aber gleichzeitig angebunden an diese lichten, zauberhaften Energien.

 MEDITATION 2: DER SICHERE HEILIGE RAUM

DIE ALTEN Strukturen kannst du allein verlassen, aber um die zu betreten, die du gemeinsam mit dem Mann deines Herzens bewohnen willst, brauchst du deinen Partner als Gegenüber, zumindest im Geiste. Wenn er noch nicht in deinem Leben ist, dann stelle dir vor, er wäre bereits da, zumindest als Lichtgestalt.

NUN SCHLIESSE die Augen, und bitte darum, dass sich der heilige Raum zeigt, der jetzt durch dich und deinen Partner entsteht, auch wenn der Mann noch nicht in deinem Leben ist. Vielleicht gibt es ein inneres Bild, vielleicht ein Gefühl. In jedem Fall ist dieser heilige Raum rein, klar und voller Liebe und Freiheit.

BITTE UM eine Anbindung an die göttliche Kraft selbst, an deinen Seelenplan, an alles, was ihr auf höchster Ebene entschieden habt, gemeinsam zu erschaffen. Vielleicht findest du Worte dafür – das kann Liebe sein, Leichtigkeit, Fülle, Erfüllung, erfüllte Sexualität, Spaß –, vielleicht öffnet ihr euch auch für eine weitere Seele, die durch euch auf die Erde kommen möchte ...

NIMM WAHR, wie sich dieser heilige Raum anfühlt. Er ist wie ein Spielfeld voller Möglichkeiten, und doch hat er bereits eine bestimmte Frequenz, eine Form, eine Farbe oder verursacht dir ein Gefühl. Er ist neu und nicht austauschbar, denn das ist der spezielle Raum, die einzigartige Kraft, die entsteht, wenn eure Energien zusammenfließen. Dies ist euer gemeinsamer heiliger Raum, niemand darf ihn ungefragt betreten. Hier könnt ihr alles entwickeln, was Schutz braucht; hier könnt ihr Abstand nehmen von alten Strukturen und Mustern; hier gibt es die Möglichkeit, ganz neu zu schauen und wahrzunehmen, wie sich die reine Liebe durch euch ausdrücken und verwirklichen will.

SCHAU, INWIEWEIT du bereit bist, diesen Raum zu erfüllen. Vielleicht schaust du zunächst nur, vielleicht beginnst du aber auch, diese Energie in dich aufzunehmen, oder du willst (wie in eine Lichtsäule) dort eintreten.

WÄHREND DU diese Meditation durchführst, spürst du sehr deutlich, ob es überhaupt einen gemeinsamen heiligen Raum mit diesem speziellen Mann gibt und wie er aussieht. Lass ihn so, wie er ist. Es kann sein, dass der Raum nur sehr klein ist und nicht viele Möglichkeiten bietet, eventuell gibt es ihn auch gar nicht. Das macht nichts. Wenn du nur noch deiner inneren Stimme folgst, wirst du sehr schnell merken und akzeptieren, dass dich mit einem solchen Mann nicht viel verbindet. Dann kannst du die alten Versuche, mehr Liebe zu erzeugen, als von allein fließen will, sein lassen und weitergehen. Vielleicht aber öffnet sich auch ein Raum voller ungeahnter Farben und Lichter, Möglichkeiten und Kraftquellen ...

ALLES, WAS du noch mit dir selbst zu klären hast, kannst du außerhalb dieses gemeinsamen heiligen Raumes tun, dadurch wird deine Beziehung nicht getrübt. Es ist ein

Schutzraum, ein heiliges Energiefeld, in dem Liebe wirken kann und nur Liebe; es ist ein gemeinsames Schloss, das ihr neu erschafft und in dem ihr glücklich und zufrieden leben könnt. Denn:

Der Tag wird kommen, nachdem wir den Raum, die Winde, die Gezeiten und die Gravitation nutzbar gemacht haben, an dem wir für Gott die Energien der Liebe nutzbar machen werden. Und an diesem Tag, zum zweiten Mal in der Geschichte der Welt, werden wir das Feuer entdeckt haben.

PIERRE TEILHARD DE CHARDIN (1881–1955),
FRANZÖSISCHER JESUIT, GEOLOGE UND ANTHROPOLOGE

Tragen wir also unser Bestes bei, um diese Liebe Gottes für uns selbst lebendig, sichtbar und nutzbar zu machen, denn deshalb und nur deshalb sind wir ja hier, nicht wahr?

Auch an *Dornen* fehlt's wohl nicht,
denk ich, wenn ich *Rosen* sehe.
Rosen sind wohl in der Nähe,
denk ich, wenn ein Dorn mich sticht.

ROBERT HAMERLING (1830–1889),
EIGENTLICH RUPERT HAMMERLING,
ÖSTERREICHISCHER ROMAN- UND BÜHNENAUTOR

Das Märchen
Dornröschen
frei erzählt nach den Brüdern Grimm

Es waren einmal ein König und eine Königin, die sprachen jeden Tag: »Ach, wenn wir doch ein Kind hätten!«, doch nie kam eines. Da trug es sich zu, als die Königin einmal im Bade saß, dass ein Frosch aus dem Wasser ans Land kroch und zu ihr sprach: »Dein Wunsch wird erfüllt werden: Noch ehe dieser Tag sich jährt, wirst du eine Tochter zur Welt bringen.« Was der Frosch gesagt hatte, geschah, und die Königin gebar ein Mädchen, das war so schön, dass der König vor Freude sich nicht zu lassen wusste und ein großes Fest einbestellte. Er lud nicht bloß seine Verwandten, Freunde und Bekannten, sondern auch die weisen Frauen seines Landes dazu ein, damit sie dem Kind gewogen wären. Es waren der Feen dreizehn in seinem Reiche, weil er aber nur zwölf goldene Teller hatte, von welchen sie essen sollten, so musste eine von ihnen daheimbleiben.

Das Fest ward mit aller Pracht gefeiert, und als es zu Ende war, beschenkten die weisen Frauen das Kind mit ihren Wundergaben: Die segnete es mit Tugend, die andere mit Schönheit, die dritte mit Reichtum, und so mit allem, was auf der Welt zu wünschen ist. Als elf ihre Sprüche eben getan hatten, trat plötzlich die dreizehnte herein, die nicht geladen worden war. Sie wollte sich dafür rächen und rief, ohne jemanden zu grüßen oder nur anzusehen, mit lauter Stimme: »Die Königstochter soll sich in ihrem fünfzehnten

Jahr an einer Spindel stechen und tot hinfallen.« Und ohne ein Wort weiter zu sprechen, kehrte sie um und verließ den Saal. Alle waren vor Schreck ganz starr, da trat die zwölfte Fee hervor, die ihren Wunsch noch nicht gesprochen hatte, und weil sie den bösen Spruch nicht aufheben, wohl aber mildern konnte, sagte sie: »Es soll aber kein Tod sein, sondern ein hundertjähriger tiefer Schlaf, in welchen die Königstochter fällt.«

Der König, der sein liebes Kind vor dem Unglück gern bewahren wollte, ließ den Befehl ausgehen, dass alle Spindeln im ganzen Königreiche verbrannt werden sollten. An dem Mädchen aber wurden die Gaben der weisen Frauen sämtlich erfüllt, denn es ward so schön, sittsam, freundlich und verständig, dass jedermann, der es ansah, es lieb haben musste.

Es geschah, dass an dem Tage, wo es gerade fünfzehn Jahre alt ward, der König und die Königin nicht zu Haus waren und das Mädchen ganz allein im Schloss zurückblieb. Da ging es allerorten herum, besah Stuben und Kammern, wie es Lust hatte, und kam endlich auch an einen alten Turm. Es stieg die enge Wendeltreppe hinauf und gelangte zu einer kleinen Tür. In dem Schloss steckte ein verrosteter Schlüssel, und als es diesen umdrehte, sprang die Türe auf. Da saß in einem kleinen Stübchen eine alte Frau mit einer Spindel und spann emsig ihren Flachs.

»Guten Tag, du altes Mütterchen«, sprach die Königstochter, »was machst du da?«

»Ich spinne«, sagte die Alte und nickte mit dem Kopf.

»Was ist das für ein Ding, das so lustig herumspringt?«

sprach das Mädchen, nahm die Spindel und wollte auch spinnen.

Kaum hatte sie aber die Spindel angerührt, so ging der Zauberspruch in Erfüllung, und sie stach sich in den Finger. In dem Augenblick aber, wo sie den Stich empfand, fiel sie auf das Bett nieder, das da stand, und lag in einem tiefen Schlaf. Und dieser Schlaf verbreitete sich über das ganze Schloss: der König und die Königin, die eben heimgekommen und in den großen Saal getreten waren, fingen an einzuschlafen, und der ganze Hofstaat mit ihnen. Da schliefen auch die Pferde im Stall, die Hunde im Hofe, die Tauben auf dem Dach, die Fliegen an der Wand, ja, das Feuer, das auf dem Herd flackerte, ward still und schlief ein, und der Braten hörte auf zu brutzeln, und der Koch, der den Küchenjungen, weil der etwas versäumt hatte, in den Haaren ziehen wollte, ließ ihn los und schlief. Und der Wind legte sich, und auf den Bäumen vor dem Schloss regte sich kein Blättchen mehr. Rings um das Schloss aber begann eine Dornenhecke zu wachsen, die jedes Jahr höher ward und endlich das ganze Schloss umzog und darüber hinauswuchs, bis dass gar nichts mehr davon zu sehen war, selbst nicht die Fahne auf dem Dach.

Es ging aber die Sage in dem Land von dem schönen schlafenden Dornröschen, denn so ward die Königstochter genannt, also dass von Zeit zu Zeit Königssöhne kamen und durch die Hecke in das Schloss vordringen wollten. Es war ihnen aber nicht möglich, denn die Dornen, als hätten sie Hände, hielten fest zusammen, und die Jünglinge blieben darin hängen, konnten sich nicht wieder losmachen und starben eines jämmerlichen Todes. Nach langen, langen Jahren kam wieder einmal ein Königssohn in das Land und hörte, wie ein alter Mann von der Dornenhecke erzählte, es solle ein Schloss dahinter stehen, in welchem eine wunderschöne Königstochter, Dornröschen genannt, schon seit hundert Jahren schlafe, und mit ihr schlafe der König und die Königin und der ganze Hofstaat. Er wisse auch von seinem Großvater, dass schon viele Königssöhne gekommen seien und versucht hätten, durch die Dornenhecke zu dringen, aber sie seien darin hängen geblieben und eines gar traurigen Todes gestorben. Da sprach der Jüngling: »Ich fürchte mich nicht. Ich will hinaus und das schöne Dornröschen sehen.« Der gute Alte mochte ihm abraten, wie er wollte, der Prinz hörte nicht auf seine Worte.

Nun waren aber gerade die hundert Jahre verflossen, und der Tag war gekommen, wo Dornröschen wieder erwachen sollte. Als der Königssohn sich der Dornenhecke näherte, waren es lauter große schöne Blumen, die taten sich von selbst auseinander und ließen ihn unbeschädigt hindurch, und hinter ihm taten sie sich wieder als eine Hecke zusammen. Im Schlosshof sah er die Pferde und scheckigen Jagdhunde liegen und schlafen, auf dem Dache saßen die Tauben und hatten das Köpfchen unter den Flügel gesteckt. Und als er ins Haus kam, schliefen die Fliegen an der Wand, der Koch in der Küche hielt noch die Hand, als wollte er den Jungen anpacken, und die Magd saß vor dem schwarzen Huhn, das sollte gerupft werden. Da ging er weiter und sah im Saale den ganzen Hofstaat liegen und schlafen, und oben bei dem Throne lagen der König und die Königin.

Er ging weiter und immer weiter, und alles war so still, dass einer seinen Atem hören konnte. Endlich kam er zu dem Turm und öffnete die Türe zu der kleinen Stube, in welcher Dornröschen schlief. Da lag es und war so schön, dass er die Augen nicht abwenden konnte, und er bückte sich und gab ihm einen Kuss. Wie er es mit dem Kuss berührt hatte, schlug Dornröschen die Augen auf, erwachte und blickte ihn ganz freundlich an. Da gingen sie zusammen hinab, und der König erwachte und die Königin und der ganze Hofstaat und sahen einander mit großen Augen an. Und die Pferde im Hof standen auf und schüttelten sich; die Jagdhunde sprangen und wedelten mit den Schwänzen; die Tauben auf dem Dache zogen das Köpfchen unterm Flügel hervor, sahen umher und flogen ins Feld; die Fliegen an den Wänden krochen weiter; das Feuer in der Küche erhob sich, flackerte und kochte das Essen; der Braten fing wieder an zu brutzeln; und der Koch gab dem Jungen eine Ohrfeige, dass er schrie; und die Magd rupfte das Huhn fertig. Und da wurde die Hochzeit des Königssohns mit dem Dornröschen in aller Pracht gefeiert, und sie lebten vergnügt bis an ihr Ende.

Über die Autorin

Susanne Hühn wurde 1965 in Heidelberg geboren. Schon mit fünf Jahren beschloss sie, Masseurin zu werden. Nach dem Abitur besuchte sie eine Schule für Physiotherapie, machte 1986 ihr Staatsexamen und arbeitete danach als Krankengymnastin.

Der Zusammenhang zwischen dem Denken und Fühlen und dem körperlichen Symptom, das ihre Patienten jeweils zeigten, interessierte Susanne Hühn besonders, und so absolvierte sie Ausbildungen und Seminare zum Thema ganzheitliche Medizin. Mit 28 Jahren ließ sie sich zur psychologischen Beraterin ausbilden. Aufgrund eigener Themen kam sie auch in Kontakt mit spirituellen Therapieformen wie Kinesiologie und Reinkarnationstherapie nach Rhea Powers.

Parallel zu ihrer Tätigkeit als Physiotherapeutin begann Anfang der Neunzigerjahre Susanne Hühns Weg als spirituelle Lebensberaterin und Meditationslehrerin. Zudem fing sie 1992 an zu schreiben. Nach wie vor faszinierte sie der Zusammenhang zwischen Körper, Geist und Seele, und so begab sie sich auf ihre eigene Forschungsreise. Ihr erstes spirituelles Selbsthilfebuch entstand 1999 und wurde im Schirner Verlag veröffentlicht. Im Jahr 2005 beendete Susanne Hühn ihre Tätigkeit als Physiotherapeutin. Seither widmet sie sich ganz der Lebensberatung und dem Schreiben von Büchern, Artikeln und Geschichten.

Weitere Informationen unter: www.susanne.huehn.de

Literaturhinweis

Auf folgende Bücher habe ich mich im Text bezogen:

- Cameron, Julia: *Der Weg des Künstlers.* München 1996.
- Griscom, Chris: *Die Frequenz der Ekstase.* Darmstadt 2006.
- White Eagle: *Die goldenen Ernte der Liebe.* Grafing 2003.
- Wilde, Stuart: *Gotteskrieger.* Darmstadt 2006.